海南历史文化名人丛书

政协海南省委员会 编

海南省哲学社会科学2014年规划重大课题

项目编号：HNSK (ZD) -D60

赵全鹏【著】

热带农业经济学家

林缵春

少年负笈下南洋 学成农艺馈家国

南方出版社

图书在版编目（CIP）数据

少年负笈下南洋 学成农艺馈家国：热带农业经济学家林缵春 / 赵全鹏著． — 海口：南方出版社，2018.12

（海南历史文化名人丛书）

ISBN 978-7-5501-4989-2

Ⅰ．①少… Ⅱ．①赵… Ⅲ．①林缵春（1909-1986）—传记 Ⅳ．① K826.3

中国版本图书馆 CIP 数据核字（2018）第 261547 号

海南历史文化名人丛书

少年负笈下南洋 学成农艺馈家国
——热带农业经济学家林缵春

赵全鹏【著】

责任编辑：古　莉
封面设计：高　皓
出版发行：南方出版社
邮政编码：570208
社　　址：海南省海口市和平大道 70 号
电　　话：（0898）66160822
传　　真：（0898）66160830
印　　刷：三河市华晨印务有限公司
开　　本：787mm×1092mm 1/16
印　　张：11
字　　数：130 千字
版　　次：2019 年 5 月第 1 版第 2 次印刷
印　　数：1—3000 册
定　　价：42.00 元

《海南历史文化名人丛书》
编纂委员会

海南岛，孤悬海外，远离中土，僻处海疆，封建统治者视之"蛮荒"、"南荒"。历朝历代，贬官流臣，戍士移民，踏足海岛，或出于无奈，或迫于生计。然此行此举，非但未阻碍海岛文明之延传，反因中土文明之播撒，北风劲吹，南雨浸润，东西兼收，陆岛相融，于此形成独具特色之岛屿文化——琼崖文化，今曰海南文化。海南文化之出现，致海岛文明生态为之大变，且融入中华文化之格局，为多元一体之文化要素也。

旧石器之时，人类已留迹于此岛。新石器之时，骆越族乘竹筏，莅海岛，披星戴月，刀耕火种，纹身织锦，黎族文化因之而生。秦朝立国，始皇置象郡，海南为外徼，入中华版图；西汉东汉，武帝置郡，明帝置治，设珠崖，立儋耳，名闻天下；魏晋南北朝，冼夫人南渡，儋耳归附，崖州始置，中华天下一统；隋唐扬威，陆海相通，始名琼州。儒释道法，宦商戍民，薰染过化，风气益开。西沙遗址，有目共睹；北南两宋，儒学复兴。苏轼抵琼，礼乐教化，储英濡彦，弦歌四起。千里长沙，万里石塘，四海测验，黄岩定位；大元军马，巡辖南沙，《元史》有载。文宗宣慰，海南海北，青梅留名；大明立国，丝路畅通，万邦来朝。兴师重教，文风丕变，鼎臣继出。有明一代，琼州中举者五百九十四人，中进士者亦六十有四，有"海滨邹鲁"之誉；

大清鼎盛，一府二州，西南中沙，天下总舆。琼台书院、东坡书院、雁峰书院，书声琅琅，名重天下。弦诵之声相闻，礼义之俗日新，衣冠礼乐彬彬；民国兴起，先有军阀，后有日寇，然琼崖特别，卧薪尝胆，红旗不倒，大军南渡，琼崖解放，中华崛起，此后则别开洞天，天地一新。

悠久之历史，绵长之文脉，天造地设，神谋化力，必孕育别具一格之地域文化，涌现灿若群星之历史名人。海南文化滋生于海南，覆盖于南海。历数琼崖数千年文明，杰出名人何止成百上千！民国时期，仅文昌即拥两百将军有余。海南南海，人杰地灵，名人无数，能为今人所道者，不过沧海一粟。来自中土者，有冼夫人、鉴真、李德裕、李纲、李光、赵鼎、胡铨、苏轼、图帖睦尔诸人。其引中原文化入海南，与闽南文化、黎苗文化及回番文化通融共生，终有"海南万里真吾乡"之认同！海南文化自始反哺中土，文人儒生北仕中原，进取朝廷。至明，已有丘濬、海瑞、唐胄、钟芳、邢宥、薛远、廖纪、王弘诲诸人；至清，则有张岳崧、谢宝、韩锦云诸人；民国之后，更有宋耀如、王文明、冯白驹、张云逸、宋氏姐弟、王国兴、陈序经、岑家梧、范会国、林道修诸人。其生于斯，成于彼，陆海跨越，成就文化，走入历史，却写就中华文明通史与中华专门史之重要篇章。

海南历史，穿越古今。海南文化，物华天宝。文化名人，无论古今，不分陆岛，或以中原渡海南，或启海南向全国，更有通世界者，然于此海岛，于此海域，纵横捭阖，各擅胜场，留一生之伟业丰功。王侯将相，先哲鸿儒，有之。仁人志士，文宗科魁，有之。高僧大德，名伶良贾，亦有之。其足迹遍涉政治、经济、军事、宗教、哲学、历史、文学、艺术、教育、法律、科技诸领域，文韬武略在海南，文化智慧在中国，其为海南之杰出人文景观，更为中华治国理念、学术思想与文化智慧之宝藏。此为海南文化之历史积淀，亦存于今之海南居民生活方式与思维方式之中。

　　强国强地，必先强其文化。今之国际旅游岛，不可无文化。有源方有水，有草皆有木。海南文化名人，乃海南文化建设之重要基因，经济社会发展之思想资源及文化珍品也。

　　《海南历史文化名人丛书》，位列海南省委省政府"海南文化工程"。梳理、研究和推介海南历史文化名人，一展海南历史文化之雄风，陈述海南历史文化之贡献，有益于海南文化自信之确立，海南形象之塑造，海南文化之创新。于海南文化软实力之提升，亦有里程碑意义。

　　《海南历史文化名人丛书》，以科学性、学术性与通俗性为本，融人物传记与历史评论为一体，讲历史故事，叙文化传统，说海南古今。此丛书以史实为据，以思想为重，以文化为要，更欲解放思想，实事求是，百花齐放，百家争鸣，雅俗共赏，实为传播、弘扬海南传统文化精华之作。

于　迅

林缵春小传

    林缵春，马来西亚归侨农学家。清朝末年，即 1909 年 4 月 12 日，林缵春出生于琼州府乐会县秉信乡石头村（今琼海市中原镇九曲江乡石头村），1920 年随早年去马来西亚经商的父亲到马来西亚读书，1924 年回国念书；中学毕业后，考入国立中山大学预科，并以优异成绩考入国立中山大学农学院；在国立中山大学农学院读书期间，与一些琼籍同学成立了"国立中山大学琼崖农业研究会"，并组织出版了会刊《琼农》月刊。该刊陆续出版了 48 期，就如何改造、发展海南现代农业，开发海南矿产等问题进行了广泛的探讨和研究。1935 年他大学毕业，毕业论文《琼崖农村》获得了当年国立中山大学唯一的一枚金质奖章。林缵春大学毕业后留校任教，先后担任助教、副教授，虽然留在广州工作，但他一直心系海南，关注着海南农业以及其他产业的开发和发展，并撰写了《海南岛之产业》一书，呼吁对海南农业进行改革，开发建设海南，这本书引起了国内外有关人士的关注，甚至被译为外文。1946 年，林缵春回到家乡筹备私立海南大学，并到马来西亚、新加坡去发动华侨捐款，先后出任海南大学筹备处农业专修班主任及海南农业专科学校校长，私立海南大学成立后，担任农学院教授。1950 年初，林缵春第三次出国，赴马来西亚探亲，时值国共易帜，亲友劝其留在马来西亚工作，但他毅然回到了海南岛。建国初期，林缵春被拘留审查，并被错划为右派、反革命分子，批斗、坐牢、劳改，受到不公平的待遇。虽然报国无门，但他仍坚持在家乡搞水稻育种、栽培和植期试验，成功培育出了"庆南""科长"两个生长期短、产量高的水稻品种，受到当地群众的好评。"文革"结束后，拨乱反正，林缵春也得到平反，1979 年受聘为海南农学院教授。他晚年在试验田里搞实验，著书立说，先后向政府部门提交了《开发海南与发展粮食生产》《开发海南与开办海南大学》《海南大农业建设的新设想》等政策文章，为促进海南发展献计献策。他曾出任海南行政区政协筹备组副组长、海南大学侨联顾问、海口市农工党负责人等职务。1986 年他病逝，终年 78 岁。林缵春一生著作颇丰，先后出版了《琼崖农村》《海南岛之产业》《水稻的生长发育与栽培技术》等著作。

| 目　录

引言

　　2017年12月的一天，我国的北方已经进入寒冬，不过远在南疆边陲的海南岛上依然阳光明媚，椰风习习。我独自一人驱车，从海口市海南大学海甸校区出发，沿东线高速南下，行驶大约九十公里后，掠过美丽的红色娘子军故乡琼海市和清澈的万泉河，至中原互通后下高速，再沿着宽阔的通往博鳌镇的迎宾路行驶约4公里，就看到路旁有一处掩映在热带丛林中的美丽小村庄，这便是民国时期的归国华侨农学家林缵春的故里——石头村。

　　今日的石头村，村落散布在一片低丘上，农房大多是新建的水泥砖砌房屋，瓷砖外饰，绿树白墙，倒也清新。村舍错落有致，有数座新建的两三层高的楼房跃出林梢（2017—2018年已建或在建的8户）。大多数庭院内水泥铺地，平整干净，庭院外槟榔林立，一片片、一簇簇，稀疏不一，令人不由地想起宋代被贬到崖州的宰相卢多逊所作的诗句："一簇晴岚接海霞，水南风景最堪夸。上篱薯蓣春添蔓，绕屋槟榔夏放花。狞犬入山多豕鹿，小舟横港足鱼虾。谁知绝岛穷荒地，犹有幽人学士家。"（《水南村为黎伯淳题》）也有几座破旧的院落，是那些进城工作居住的村民留下的旧居，新旧对比的反差让人感受到这个村落的时代变迁。新铺的水泥路面，蜿蜒于村中，道旁绿树成荫，鸡犬卧于阴凉处，低洼处种植着绿油油的水稻。天上白云悠悠，空中暖

1

风习习，宁静而祥和。

林缵春的故居依然保存得十分完整，这是一处民国时期南洋风格的砖墙瓦顶民居，在琼海市一带乡村中十分常见。高耸的院墙和门楼，四方的院落，构成了一处防御性的狭小空间，私密又安全，雕花镂空的装饰透露出房主曾经的富裕，斑驳陆离的外观见证着岁月的沧桑。客厅墙上挂着林缵春父母的照片，慈祥中透着坚毅，他们的子孙们早已移至海口等地居住，房间里空空荡荡，唯剩下岁月的静好。

今天的石头村有 78 户，其中常住户 65 户；人口 500 多人，其中常住人口 292 人。村内家庭规模都不大，最大的家庭有 7 口人，最少的只有 2 人。全村土地面积 600 多亩，其中耕地面积 250 亩，现今村民的主要经济来源是种植槟榔、水稻和外出务工，其中种植槟榔收入约占 40%、种植水稻收入约占 10%、外出务工收入约占 50%，村内也有一户养猪专业户，2017 年人均收入达 11850 元。家庭每年日常开支约 3000 元，另外有少量教育、医疗费用的支出；全村低保户 2 户，贫困户 2 户（2017 年在琼海市公安局警卫所的帮扶下已经脱贫）。村内外出务工的一般是年龄在 20—40 岁之间的青壮年，多在琼海、海口、三亚等地，也有少数在深圳、广州等地，留在村内的多是老年人、妇女和儿童。全村已经普及九年义务教育，村内已经不设小学，儿童一般在中原镇中心学校就读。石头村历年来考入大学的学生有 5 人，分别就读于复旦大学、中国人民大学、西南政法大学等国内著名院校。村民生病一般到附近的中原镇或者琼海市的大型医院，国家社会保障制度已经得到落实，自己支付的医疗费用不多。村内治安良好，老幼妇孺闲暇时看看电视、打打麻将。少数家庭经济条件好的，也在琼海、海口买房移居到城市。现今石头村与东南亚的联系也较少了，只有年纪较大的才偶尔回来探亲。

与 1934 年林缵春在石头村调查时相比，海南以及石头村周边社会环境已经或正在发生翻天覆地的变化。海南已经于 1988 年 4 月 13 日正式建省，现正在进行国际旅游岛建设，刚刚过去的 2017 年全省共接待过夜国内外游客 6745.01 万人次，旅游总收入达到 811.99 亿元，其中接待入境游客 111.94 万人次，旅游外汇收入 6.81 亿美元，已经成为国内外著名的旅游度假胜地。乐会县也早于 1958 年与琼东、万宁县部分区域合并为琼海县（因地处琼州之东，故名；1992 年 11 月 6 日升级为琼海市）。在石头村外，一条宽阔的四车道柏油马路从村旁经过，这条路连接着西面的博鳌机场和东面的博鳌亚洲论坛会址，迎送着来自世界各地的领袖和游客，所以这条道路被命名为"迎宾大道"。"博鳌亚洲论坛"自 2001 年成立以来，每年 4 月，中国国家领导人与来自亚洲以及其他世界大洲的国家现任或已退领导人、行业领袖、专家学者在这里召开会议，共商经济、社会、环境及其他相关问题，聚焦着世界的目光。乐会县治所乐会城，也已经在 2013 年 2 月 28 日被国家批准为国际医疗旅游先行区，这是我国第一家以国际医疗旅游服务、低碳生态社区和国际组织聚集地为主要内容的国家级开发园区，中国干细胞集团附属医院、博鳌恒大国际医院、博鳌国际医院、超级医院、博鳌一龄生命养护中心等 20 个高端医疗康复项目已开工建设，有些已经建成营业。截至目前，博鳌乐城国际医疗旅游先行区共与 48 家企业达成 57 个项目投资意向，总投资额达 600 亿元。今日的琼海市已经成为著名旅游目的地，每年有来自国内外数百万游客到此游览、度假，白石岭、万泉河、红色娘子军纪念园、博鳌亚洲论坛会址等是游客常去的景区（点）。琼海市的乡村旅游也风风火火，在生态文明村、美丽乡村、特色风情小镇等国家政策指导下，琼海市周边的北仍村、龙寿洋等一批乡村成为旅游的热点。石头村也得地利之便，正在积极筹备开发农家乐，地方政府已经投入了 1600 多万，拓宽和硬化村内道路，修建和改善卫生、文化等基础设施，未来的石头村会更美好。80 多年间，石头村及其周边社会沧桑巨变，林缵春若地下有知，应倍感欣慰。

第一章

南洋风吹拂的童年

林缵春出生和成长的童年时代，正是西方国家在东南亚和中国进行殖民的时代，也是清朝与民国政府革故鼎新的时期，海南岛正处在西方殖民和民国革新的前沿地带，新的力量、新的势力和新的思潮风云变幻，如潮水般冲击和吹拂着这个遥远的蛮荒之地，也改变着林缵春等少年们的命运。

一、林缵春的家世

林缵春，又名林风雅。清宣统元年闰二月二十二日（民间习惯按农历登记，按照阳历是 1909 年 4 月 12 日），出生于琼州府乐会县秉信乡石头村（今海南省琼海市中原镇九曲江乡石头村）的一户普通的农民家庭，这一年按照我国农历是己酉年，也是民间传统上所说的鸡年。林缵春在人生后期的个人简历、给组织的汇报材料等书面材料中把自己的出生日期写作 1908 年 2 月或又 2 月 22 日，所以后人在引用时就出现了一些混乱：在年份上，有的写作 1908 年，有的写作 1909 年；在月份上，有的写作 2 月份，有的写作 12 月份，等等。在出生年月上记载的不同直接导致计算林缵春年寿的差异，有的记载林缵春77岁，有的记载79岁等。据海南林氏族谱《溪西林族谱》记载：林缵春生于宣统己酉年（1909）又二月二十二日申时，经查阅万年历，农历闰二月确实在1909年，而1908年没有闰二月；另外，林缵春生前一直对外声称自己的属相是鸡，据林缵春第四子林承鸿先生回忆也对此予以肯定，所以林缵春应是出生在1909年，即农历己酉年。至于林缵春晚年为什么会把自己的出生年写成1908年，儿子林承鸿认为是他年老记忆模糊所致。因此，在此以《溪西林族谱》为准，确定林缵春应当出生在1909年闰二月二十二日申时（注：本文中有关林缵春及其家属的年龄及出生年月均按照农历计算）。

林缵春的父亲名叫林永芳，母亲梁氏。林永芳生于光绪庚辰年（1880）正月二十八日，之后过继给堂伯林学传。林永芳的生父（即林缵春的爷爷）是林学纯，生于道光丙午年（1846）正月初三日亥时，卒于光绪乙酉年（1885）四月初一日未时，年仅40岁。妻陈氏，生于道光戊申年（1848）六月二十二日，卒于民国己巳年（1929）十月十一日。林缵春的爷爷林学纯生子四：永熙（出继学铭）、永芳（出继学传）、永光（出继学宽）、永焕。林永芳6岁时生父去世，他11岁就"下南洋"，在马来西亚柔佛市做童工，成年后在那里经商，前后长达50多年，1949年回国落叶归根，1950年8月23日因病在家乡乐会石头村去世，享年71岁。林永芳生二子。长子林缵清，字和平，号鸿栋，生于光绪壬寅年（光绪二十八年，1902年）三月二十一日亥时，从琼东县福田高小毕业，成年后于广东省黄埔军校第三期第一队出伍，卒于民国丁卯年正月十七日子时（1927年因病去世，年仅26岁），葬留客南门岭，坐丙兼午。妻薛氏，生于光绪癸卯年（光绪二十九年，1903年）七月初四日子时，后改适，以弟弟林缵春之子承坤继嗣。

父亲林永芳于1950年8月去世时，林缵春正被新成立的人民政府拘留审查（自 1950 年 6 月开始），半年后获释，始知父亲去世的消息，他怀着悲痛的心情补写了父亲的碑文："先父少年失怙，十一岁赴南洋经商五十余年。一生刻苦勤俭，性孝友刚直，重信义，乐助施，热心公益，不遗余力。崇奉关壮缪，诵经以示其行。痛于公元 1950 年 8 月 23 日丑时寿终。哀哉！泣此志念，并为后代子孙策勉之。"1951 年 2 月始立碑。林缵春的母亲梁氏已先于中华民国二十年（1931）去世。

　　林姓是海南岛上的一支大姓，人口众多，历史上是从福建等地迁移过来的。海南岛是一个移民岛，秦时已经有中原人向海南移民，西汉武帝元封元年（公元前 110）海南纳入中央版图设郡县后，移民更多，但是，大规模向海南移民是从唐宋开始的，明代海南人邢宥《海南风景》诗中曰："二郡舆图兴自汉，五州编户盛于唐。故家大半来中土，厚产偏多起外庄。弦诵声繁民物庶，宦游都道小苏杭。"中华民国时期陈铭枢总纂的《海南岛志》中也曰："海南孤悬海外，距中土辽远，在昔水土气恶，视为虫蛇所居，汉晋之间一再罢弃。泊至唐代，乃复置版籍，移军屯戍，而谪臣罪因窜逐流配之迹，遂由是日繁。自唐迄宋，其间 500 年，中土之人流寓岛中，子姓蕃衍，已万有余户。"现代学者依据海南族谱等文献研究发现，唐代迁琼的始祖有冯、韦、李、林、黎、梁、吴等姓，宋代迁琼始祖有陈、符、林、韩、王、邢、张、周、郑、何、许、蔡、苏、郭、卢、洪、钟、朱、庄、欧、唐、赖、余、廖、岑、丘、连、杜、陆、文等姓，林姓是历史上较早迁移到海南岛上的姓氏之一。

　　海南林氏迁琼始祖，一种说法有七位，但海南大学图书馆邓玲博士研究有二十多位，其中，最早的迁琼始祖是林裕和林暹，这一点大家没有疑义。林裕是长牧林苇的曾孙（西晋年间，林坚的六十四世孙林禄入闽，繁衍至八十世林披时，时值唐代中期。林披生九子，依次为苇、藻、著、荐、晔、蕴、蒙、迈、蔇，成年后都是一州长官，这是林氏家族史上有名的"九牧之家"，被称为"唐九牧"），世居福建福清县太平乡平原里安乐村，唐昭宗光化年间（898—900）登进士第，第二年，即光化二年（899）奉旨携带属眷渡琼任琼山县知事，妻子陈氏与子林堂随行，后升任琼州同知。林裕在海南任职期间的事迹，在地方史志和族谱里记载很少。938年林裕卒于任上，葬在府城西关（今迈仍村旁，清道光年间迁至今永兴镇永茂岭）。因唐室覆亡，林裕遂家于琼州府城西关，为林氏第一位入琼始祖。今天林裕、林堂的后裔在全省各市县均有分布，人口近20万人，约占海南林氏人口的三分之一，海南林氏名字中派字为"克、绍、诗、书、志、芳、声、贻、禄、位"的均是林裕的后人。宋代迁入的始祖是林暹，林暹原籍福建莆田，是北宋徽宗崇宁间进士林震的次子，曾参加北宋首都汴京保卫战，南宋高宗绍兴元年（1131）入琼任琼州安抚使，落籍琼州。夫人王氏，生有两子，长子洵武，次子洵仁。林裕、林暹之后，明朝时又有林时蕃迁入（由广东高州吴川入琼，居住在万宁多荫村），林嗣宗（明洪武十五年迁至万宁大塘村），林麻（明朝时迁居琼海龙西村），林肖山（明朝由广东潮州澄海迁居文昌白延笃家村），林蒇魁（明末由广东吴川入琼，先居定安龙门梅村，后迁至文昌白延北山村）等林姓始祖迁入海南岛。现今，海南林姓后人已有50多万人，分布在海南全岛各地，其中以海口和文昌为主要聚居地，大多数为林裕、林暹二公的后裔。

在海南历史上，林姓家族人才辈出，仅明、清两朝就有林杰、林密、林士元、林养高、林华、林震、林其笼、林燕典等8人中进士（全省共有93人），另外，中举人者达44人之多。如林杰是琼山人，与丘濬在景泰五年（1454）同时登科，明代成化七年（1471）广东按察副使涂棐来琼视察民情时，在琼州府城建了一座"表贤坊"，以表彰当时海南的丘濬、林杰、薛远和邢宥4位贤人，当时的提学胡荣在撰写4人传略时，称赞他们"文章足以辅助教化，实琼人之师，海内之望也"。林密，明代文昌水北都（今属文教镇）人，与同里的何测、邢宥先后登科，因此有"一里三进士"的美称。林缵统（1852—1922）是清末崖州（今三亚市）人，曾与康有为、梁启超一道"公车上书"，发动"戊戌变法"，失败后回到海南，闭门谢客，潜心向学；中华民国年间又奔走于万宁、乐会（今属琼海）等地，联络乡绅商贾，推动西沙群岛的开发。林文英（1873—1914）追随孙中山参加辛亥革命，在海南办过报纸，极力宣传爱国思想，揭露袁世凯复辟帝制的阴谋，1914年3月被杀害，被誉为"讨袁义士"，等等。

林缵春一支的迁琼始祖是林暹，他是林披第六子林蕴的十世孙，进士林震的次子。据《溪西林族谱》记载，林暹，字邦荣，号小坡，南宋高宗绍兴（1131—1162）时进士及第，摄国子监监正，迁太学博士。时值宋王室南迁杭州之初，时局动荡不安，林暹受命于危难之际，高宗皇帝召见任命他为琼州府知府（从四品），后因功加封为乾宁路经略安抚使（正三品），统管乾宁路（海南地区）军政大权。绍兴五年（1135），林暹还朝复命，因安抚琼州政绩斐然，宋高宗下诏嘉奖：

奉天承运，皇帝制曰：朕闻国祚绵长，赖良臣以辅相，远夷宾服，资贤吏以调理，故克敌者当酬其劳，有功者必加其爵。乾宁路，远夷也。朕命安抚使林暹，封守此土，地僻海岛，环三千里，外接诸番鬼国，中蟠百峒黎岐，克效劝忠，委身致力，安抚乾宁士庶，归化南蛮军黎。一疏奏闻，朕甚庆幸！如此忠君报国，应提补升，仍留是职。士熟民宜，覃敷圣教，期其大化。许尔僚属，任由调度，尽心筹尽，无负朕面命，恳恳致意也，加赐食禄二千石。并赐子孙世袭前职。以尝功劳，以垂后鉴焉。钦哉！惟克永世。

宋高宗命他"仍留是职"，回琼续任。于是，林暹返乡带上妻子王氏和儿子洵武、洵仁，举家迁居琼州府城。据《溪西林族谱》记载：

林暹在任期间，大力发展海南地方经济，安抚黎人，稳定了南宋的抗金大后方。当时琼州稻米产量偏低，主食为芋头，加上大批随员兵丁也要消耗大量粮食，于是林暹从福建莆田招来一批劳动力和工匠，为提高米粮生产，驯牛耕种，进行军垦、民垦，并教导黎民不要杀牛，用牛耕地开辟水田；为供应军需民用，建造手工作坊，开展炼铁、造船、制陶、染织等；还借鉴大陆庙会，在祭神期由军人表演武艺、杂耍，官府利用庙会销售日用品，采购土特产，黎人表演歌舞，汉人演奏鼓乐，进行物资交流。林暹随来的人员多为莆田人，在与原住民交往过程中，闽南话逐渐成为通用话，后来演变为海南语。林暹死后，莆田人在海南置籍通婚，世代繁衍，故海南人大多称自己的祖先来自莆田。三十九岁时，林暹卒于任上，墓葬位于今海口市旧州镇旧州岭上，墓碑背面刻有宋高宗的诏书。

林缵春是林暹二十九世孙，初婚黎氏。黎氏是琼海中原镇莲塘村人，生于宣统辛亥年（1911）闰六月初三，卒于民国二十九年（1940）五月初三（卒于广东韶关），生子承坤。续娶吕丽珍，时在广州，后离异，生子承冠（贯）、承泉。再娶文凤英，万宁人，1917 年闰二月出生，海口市被服厂职工，1974 年退休，生一子承鸿，二女承燊、承萍。林缵春一共育有 4 子 2 女，长子林承坤，后定居于马来西亚，育 4 女 1 子，现已故。次子林承冠（贯），定居于海南儋州，育 1 女 1 子，现为退休教师。三子林承泉，定居于海南海口，育 1 女，曾为海南大学退休职工，现已故。四子林承鸿，定居于海南海口，育 2 子，现为海南省国税局退休干部。长女林承燊，定居于广东省佛山市，育 1 女 2 子。次女林承萍，定居于海南海口，育 1 女 1 子，现为海南省机关服务中心退休职工。

二、美丽的家乡乐会石头村

在林暹公十八世孙林祚兴时，时值明清交替，社会动荡不安，林家遂于清顺治年间，从今琼海市嘉积镇山门村移居到今琼海中原镇石头村，至林缵春时已经 12 代，林氏也成为石头村人口众多的大姓之一。从 1909 年出生到 1920 年间，林缵春的童年时光是在乐会县秉信乡石头村度过的。

乐会县位于海南岛的东部，琼州府城的东南方，东面滨临大海，西面邻接黎峒，地处会同县和万州之间，是一处自然环境十分美丽的地方，据康熙《乐会县志》卷一《地理志·疆域》记载："（乐会）县去府城东南三百五十里，东距溟海，西抵黎峒，南跨万州，北接会同。东西广二百六十五里，南北袤四十五里，环疆四百五十六里。"乐会县东面有博鳌、潭门等港口，可以通往香港、广州，也通往东南亚、南海诸岛等地，西部是母瑞山余脉自西向东延伸而入形成的白石岭等景观。乐会全境地势自西向东倾斜，西部为山区和半山区，中部为台地、丘陵，东南部为平原地带，据《海南岛志》记载："本县地势东西长而南北狭，西部接近腹地而高，东部滨海而低，山脉之趋势由西迤东。"境内河流纵横，万泉河是海南岛上的第三大河，自西向东穿过境内入海，在乐会境内称为嘉积溪，林缵春成年后在《琼崖考察记》中描述万泉河："溪名嘉积溪，又名万泉河，有二源：一发源于五指山东面，由喃唠峒出思河岭，会诸黎水至乐会峻口。一发源于琼山黎婆岭，向东南行，会峻口水至石壁市，至嘉积市，入乐会境，分为二支，一绕乐会县北称万泉河，一绕乐会县南称流马河或南门河，即余今所经之溪水也。河水至县东北雷扑山下，二支复合，与龙滚河相会，经博鳌港入海。长凡三百余里，为乐会内地水路交通之主要者。溪为沙底河，嘉积市以上，沿岸山丘、溪岸甚少崩卸；溪水深浅不一，及乐会县一带，则溪之深处丈余，浅处一尺，溪面宽百余尺，窄处约十余尺，多雨则水高涨至二三丈，成为水灾，亢旱则水浅殆可徒涉。故沿岸崩溃田亩甚多，河道时改。"林缵春对家乡的山川河流等地理形势十分熟悉，如数家珍。

乐会县地处热带季风气候区的北缘，受季风影响较大，高温多雨，四季不明显。据康熙《乐会县志》卷一《地理志·气候》记载："地居炎方，夏不甚热，冬不甚寒，有霜无雪，四时花果。"乐会的气候一年可以分为旱季和雨季，大致来说，每年的12月至次年4月为旱季，在这个季节里降雨量很少，平均每月降雨量仅为67毫米；而5月至11月为雨季，平均每月降雨量可达243.8毫米，尤其是每年8、9月雨量最多，月均降雨量678.8毫米。乐会县光照充足，年平均气温在24℃，夏季（6—8月）为全年高温季节，月平均气温可达27.9℃，而冬季（12月至次年2月）气温比年平均气温偏低3.8℃—6℃。乐会县每年台风频繁，据康熙《乐会县志》卷一《地理志·气候》记载：飓风"或一岁一二作，或一岁俱无。多发于夏秋月间，霜降则不作"，"或逾时而作，暴雨挟之，撼声如雷，拔木飞瓦。人皆入矮屋中避之，不能行立，牛马不能出牧。或风雨中有电，回南者最大，损伤万物"。林缵春在国立中山大学读书期间回家乡乐会调查，时值八月，大雨连绵不断。"琼崖雨量，比较广东内地为多，其最多时，为阴历八、九、十月。余自返家以来，一连十天，殆无日无雨，而雨降时，又多在午后，是以夜间天气特别凉快。"在《琼崖考察记》中林缵春对乐会县的气候多有描述："下午四时，忽降大雨，酷热之天气，顿呈凉快。琼崖地接热带，气候温燠，四时常花，三冬无雪。一岁之间，少寒多热，一日之内，气候屡变；天晴则燠，阴雨则寒；寒则多起于夜间，而尤以海口一埠为甚，有时竟夜非拥厚毡不能成眠。""四时皆是夏，一雨便成秋"，是对乐会县和海南气候的真实写照。

乐会县有着悠久的建制历史，唐高宗显庆五年（660）开始设县，在此之前境内属于容琼县，据康熙《乐会县志·沿革志》记载："（唐）高宗显庆五年，即容琼地置乐会县，建治黎黑村，亦隶于琼，乐会名县始此。"治所黎黑村位于今海南省琼海市烟塘镇福石岭管区泗村。唐高宗乾封后废除，唐德宗贞元五年（789）复置。元世祖至元二十四年（1287）迁治所于太平乡调濑村（在今琼海市东福田镇凤头管区新潮村），至元二十八年（1291）又割乐会县西北境置会同县。元成宗大德四年（1300）始移治所于"河南之洲"，又称"河南之阴阳山"（今琼海市东南乐城），即乐城，属乾宁安抚司。明、清时期，乐会县治一直在乐城，属琼州府。

乐会县山清水秀，地杰人灵，风俗醇厚，历史上就有崇尚教育的传统，据康熙《乐会县志·风俗》记载："县居山海之间，民风习尚不齐，性多和柔而少狂悍，贵衣冠，尚文物。""士习淳朴，知廉耻礼让，鲜入公门，而尤好学谈文。"古来就人才辈出，早在宋代宣和六年（1124）有王志高中进士，南宋绍兴三年（1133）有陈仲良，淳熙二年（1175）有欧景新，淳祐十年（1250）有邓梦荐，宝祐元年（1253）有何一鹏等中进士。有宋一代海南全岛总共有 12 名进士，仅乐会一县就占 5 个，位居海南全岛各县之冠。虽然自元代之后再没有出现过进士，但是涌现的举人仍很多，明代时乐会有举人王敬、林宏、冯贤、肖进安、冯真、王赐、梁万金、梁贤、陈纪、何钟、周俊、王廷翰、欧天叙、何日丁、欧兆元、冯应龙、王启祚、韦章玉；清代时有举人王宗祐、王时炯、陈登瀛、韦之瑗、王会锟、王鸿运、王椿年、王龙瑞、吴漠等 9 名，至今崇尚教育，读书仍然蔚然成风。

乐会境内自然环境优美，风光秀丽，传统风景名胜有："白石摩空"，白石即白石岭，在县西三十余里，周环数十里，群峰罗列，峰顶有巨石，色苍白，直插霄汉。"炉峰生烟"位于乐城岛正南方四里地，在今博鳌镇莫村境内，炉峰即香炉山，又称南山，山体形状像香炉，云雾笼罩时如香火在炉中缭绕。"圣石捍海"在博鳌港外，宋朝天圣年间突现，圣公石峥嵘雄崛，抵挡着海潮的冲击，被民间视为保障乐会县安全的中流砥柱。"石莲花墩"在今博鳌镇中南村境内的万泉河中、大乐万泉河大桥西北侧，宣统《乐会县志》中记载："莲花峰有石盘叠出水面，若莲花然。木石交翠可爱。""金牛偃月"在今博鳌镇沙美村境内，金牛即金牛岭，金牛岭因山形似水牛得名，月白风清时，金牛岭像披着月色的卧牛。"双溪交流"在今博鳌镇乐城岛东北角的雷扑山下，自西而来的万泉河被乐城岛阻挡分流为南北两支，北面支流仍称万泉河，南面支流称流马河，两条支流在乐城岛东北角交汇复合而流，交流处河面宽阔，水天苍茫一色，气象恢宏。"泮沼回澜"在今博鳌镇乐城防洪楼前面，据宣统《乐会县志》记载："泮池，县城内东街下，广五十丈，袤二十丈，不假开凿而成，其水涟漪，四时不竭，诚天然泮池也。学官向之。""粉汤温泉"即今嘉积镇的官塘温泉，粉汤是官塘的别名，据宣统《乐会县志》记载："泉如汤沸，可沦牲，岭外涌出十余处，乡人壅决溉田数十亩，涤衣浴体均有所赖。"优美的风景陶冶着乐会人的情操。

林缵春出生于清末光绪年间，当时乐会县治仍在乐城。乐城位于万泉河下游河水冲积形成的江心岛上，面积约 2 平方公里，四周是清澈的万泉河环绕，环境十分优美。县治始建于元成宗大德四年（1300），经明、清、中华民国，直到 1952 年才搬迁，历时六百多年，清代时乐会下辖 12 乡 1 屯，分别是东荣、西成、中珠、执礼、博鳌、顺义、归仁、白石、崇文、笃行、尚忠、秉信等乡和嘉兴屯。1912 年中华民国成立之后至 1950 年海南解放期间，海南行政设置变动较大，如民国元年（1912）在海南建琼崖道，隶属广东；民国十年（1921）废琼崖道，属广东省南区善后公署；民国二十二年（1933）属琼崖绥靖委员会；民国二十五年（1936）属广东省第九区行政督察专员公署等，辖属的县乡也有变化。中华民国时期的乐城，受东南亚华侨影响较大，街道两侧商铺林立，货物种类齐全，商业气息浓厚。在县之下推行"区乡制"，如民国四年（1915）废都建区，乐会设置6个行政区，各区之下分设乡镇。民国十七年（1928）改置3个区署；民国十九年（1930）设置5个区96个乡；民国二十三年（1934）设置16个乡镇；民国三十六年（1947）撤区并乡，设置9个乡，等等。乐会县传统经济以种植槟榔、水稻为主。据康熙《乐会县志》记载："乐多冈，瘠不可耕，故产椰利""不治田而治椰"，传统产业多以槟榔为业，但是由于受台风、霜冻等自然灾害影响，槟榔"难成易败，风拔霜损，则十仅半存"。加上每年还需要向政府交纳沉重的赋税，百姓生活十分贫困，时人哀叹："嗟嗟椰柯，既有本身之税，又供代田之役，是一树之征，而差徭丛迫也。"除槟榔外，农民还在山丘之间的低凹平地上种植水稻，但是田亩不多，易受水灾，产量不高，所以乐会居民不得不远走他乡，下南洋谋生。

　　林缵春的童年是在乐会县石头村度过的。据宣统年间编纂的《乐会县志》记载：石头村有87户，丁口305人，平均每户3.5人，在当地也属于较大的村落，有林、梁、冯、王、吴、李等姓氏。村落坐落在一大片坡地上，典型的热带民居错落有致，院落之外生长着茂密的椰子、野菠萝等热带植物，村民们在坡地上种植槟榔。石头村背山面水，村北有低矮的山岭，上面覆盖着茂密的热带丛林，村南有嘉濂河（在清代时，嘉濂河的下游称为九曲河，后统称为九曲江）自西向东逶迤绕村而过。这条河发源于乐会与万宁交界处的放牛岭，流经会山乡中平仔、南塘，折入文市乡的九铁、桥园和中原镇的九冬岭后，绕过石头村，在村旁留下宽阔的河湾和水面，河水清澈见底。在河流和村落之间有平坦的谷地，种植有水稻。家乡石头村给林缵春留下十分美好的印象，给予了他一个十分快乐幸福的童年，他长大后曾深情地描述家乡石头村：

　　这个村叫做石头村，是在乐会县之南六里，一个由林、梁、冯三大姓和王、吴、李三小姓组成而有九十余户，五百余口，复杂细小的农村。村中的屋宇，因地势的关系，向着一个不大平坦的丘陵环绕而建筑着。丘陵之上，有新落成的校舍，高大壮丽，巍然独立。村之南有溪，由东蜿蜒沿田而西；村的东北有山，不高；村中的农田都是环着村的四围，而大小杂布。朝阳晚日，登东北山纵目浏览，倒是一个景致美丽的农村！村中的农家，大小倒不十分悬殊。以人口计，大概最多的不过有十人，最小的有二个，普通四人至六人的最多。以代数记，一家之中，四代以上的没有，普通多是两代。兄弟大了能够有独立的时候，就行闹着分家，与他处各村以大家庭为荣誉的习惯不同。村中的房屋，都是砖瓦造成，新式有洋楼式的也不少。村民中男的多衣洋装；女的，年轻则白布衣服或白衣黑裤，年老则全黑或蓝色的衣裳，无论谁家，均是如此。所以在全赖妇女耕种的这村，在耕种的时候，若纵步田间，则犁田的，锄地的，耘草的，挑粪的，尽是群雌粥粥，黑白杂布田间。真足令人惊为仙女世界了！

　　林缵春在国立中山大学农学院读书时，1934年回村调查，此时的石头村总共有85户，田地400多亩，但拥有10亩以上田地的家庭只有3户，大多数家庭的田地在3.33亩左右。除极少数家庭是因田亩多雇佣工，其他大多数家庭则是因男子下南洋缺乏劳动力而雇佣工，没有佃农。石头村中男子下南洋打工的较多，每年寄回来一些银钱，因此均能维持生活，村民们互帮互助，民风淳朴，倒也其乐融融。

　　（石头村）全村的农田不过有四百亩，但是每家总有多少，最多的有二十五亩，最少的有一亩，普通多是三亩左右。农田少的农家，多是租耕祖田，或出洋经商以维生计。祖田的田租很少，只要每年拿出多少钱来做冬蒸秋尝就可以；外洋经商本是不难，钱亦易赚，所以村中租耕祖田的和出洋经商的，人数很多。计男子之中，出洋的十有八九，每年由外面付回的金钱，平均约在万元以上。在这一个虽然苦于农田缺乏的农村，但因男商女耕和村中绝无贫富十分的悬殊，所以农民的生活，倒也家家温饱而处于一个几乎均一的共产社会当中。村中全无副业，人民除耕作少少的田地外，本可休闲，但因田地少，生活又要赖它来维持，田地的地段多是只有一亩左右的面积，而且又多分散，很少有二块以上连在一起归于一家所有的，所以农民胼手胝足，一年要作两造，而早造种下的时候，适值炎烈久苦无雨的夏天，要逆逆之声地踏"龙骨车"灌田，收获的时候，则值秋雨淫淫，要赶快地收割以免水患，这样子，真是劳苦至极了。幸当时地方安宁，他们"我闲帮你""你闲帮我"的互助帮工的精神，并不感到若何的辛苦不快……总之，这过去的农村，是个景致优美，生活温饱，男商女耕，互助乐业，贫富不很悬殊，外有欧化之风，内具固有之俗，颇足令人美慕的乡村了。

石头村位于乐城西南面，距县城仅七里之遥，中间隔着低矮的长满热带丛林的丘陵。由石头村往乐会城有两条路：一为田间路，一为山岭路，人们平时一般走田间路，山岭路多崎岖，行走困难，但是田间路一经雨就泥泞难行，所以在下雨天一般走山岭路。林缵春在家乡调查期间，多次往返石头村至乐会县城这条路，如八月十四日，"今日因日前雨水未干，故行山岭路。山岭路多崎岖，行颇难，历约半点钟始抵南门青塘溪头"。从南门青塘溪头到县治还有一里路，"水路半里，沙路半里。若天气炎热，则沙热如火，炙足难行。今日幸日光微弱，行尚便利"。八月十七日，"是日行山岭路，所经低洼处，仍泥泞艰阻。途次，余终脱鞋赤足以抵县"。这些也是林缵春童年时期到乐城赶集玩耍常走的道路。

石头村北面五里就是嘉积溪，嘉积溪又名万泉河。万泉河发源于海南岛中部山区，一支发源于五指山东面，由喃唠峒出思河岭，会诸黎水至乐会峻口；一支发源于琼山黎婺岭，向东南行，会峻口至石壁市，至嘉积市入乐会境，再分为两股，一股绕乐会县北称万泉河，一股绕乐会县南称流马河或南门河，即是石头村相邻的河流，河水至雷扑山下两支复合，经博鳌入海。林缵春在琼崖农村调查时，再次乘船行走这条水道，如八月十三日从嘉积到乐会，顺水行舟，"一时半离嘉积，往市之南门溪头搭船。船费仅二十个铜钱，行三十里，亦云廉矣。时顺水行舟，约四时三十分抵县治"。九月一日返回海口市时，从乐会到嘉积，逆水行舟，"午后一时三十分，搭往嘉积船，但船以客少不即启行。时天降细雨，霏霏愁人，且溪水流速，若不早开船行，则至嘉积时天黑，恐难上岸。因与银四角一人包船开行。二时离岸，北向嘉积行。因逆水且急，船行颇慢。时余坐船上，独食点心而浏览所经山水，足悠然兴怀也。船经牛颈（琼音读作 tou）笼，水最急，其速如箭，船夫挥竿前后（二人）共划，竿长丈余，每举一竿，颤颤作动，经时十分钟始脱其险。闻云由此至石壁，一船四人犹不能行，其速度之急，较此十倍。太白诗谓'千里江陵一日还'，即如此者乎？六时抵岸，雇挑夫担行李入恒裕兴止宿。此行共程三十里，计时四小时，较之日前由嘉积至县治顺流而下需时时余，相差数位"。这条河流是从石头村前往乐会、嘉积、海口的重要水道，同时顺着万泉河向下走也是林缵春童年时下南洋走过的航路。

乐会县濒临南海，多飓风，也时常发生洪涝灾害，并伴随着海溢，所以民居近海者常苦风飘水泊，海水淹没农田，损害农舍。据康熙《乐会县志》卷一《海潮汐》记载："或春月东风大作，海涛挟雨，翻腾而起，高溢数丈，濒海之地，如博鳌、中珠、下小之北洋、密泽等田，皆为咸没，谓之'海溢'。非经淋浴洗涤，则斥卤之畴，猝难耕种，民皆病之。"石头村主要种植水稻，因土壤稀薄、台风频繁等原因，村民的劳作十分艰辛。1934 年 8 月 2 日至 9 月 8 日，林缵春在暑期考察琼崖农村时，家乡石头村去年刚刚遭受一次飓风的灾害，尚未恢复，新降的大雨又造成损害：

去年八月间，大家都知道是琼崖受飓风损失最大的一次。当时这村也损失不少。查全村屋舍被风吹塌重的有十余家，轻的有三十余家。素来称抗风最强的老树，也被其连根吹起。当时幸稻多收获，损失不大。但房屋财产的损失，据八十余岁的村中父老说，他一生未曾见过有这样的大风，由此可见得村中的损失如何了（虽然没有精确统计，但据作者所知，约有两万元）。自八月间大风发生后，于该年十月十一月又连续作了数次的大小飓风。当时正值晚稻生长茂盛的时期，来了这数场的飓风，不消说，是被打得七零八落了。今年无一家不患食粮恐慌，米价由一元二斗而升到一元斗余。'米珠薪桂'，如何了得？

屋之因去年飓风吹塌，未修葺者有之；修葺后新旧墙围显然分别者有之；树之昔为亭亭玉立者，今则不复见矣。

是日早，余登屋背山冈瞭望，一片田禾，几成泽国。予家乡晚造插秧期，系在阴历五月左右，故此时田中稻禾，正放颖花，忌雨过多；今忽遇此大水淹没，其收获量减少或至失败，不言可喻。

这村的田地，多半是土壤硗薄而且离水源又远的。每年虽可做两造，但所获得的仍是不多，而且早造多半又是收获

19

无望。因为早造下种的时期是正在少雨的夏天。水稻缺水是不成的。所以假使连续十多天没有雨，即令拼命想法灌溉（因水源缺乏），也是无补。到早造收获的时候，又是正在秋天多雨的时期，假使八月初不赶快收割，就要被大水冲浸而使收获无望。所以这村的田亩，每年在秋季必受大小水患十余次，大的浸满全田间，房屋地低的也被浸到数尺之高，这种大的水，每年至少也必有一次。

每年的岁时节日，是人们童年最快乐的日子，终生难忘。林缵春在大学期间回家乡调查农业时，正好赶上七月十五中元节，于是，不由追忆起自己的童年：

> 廿四日，天气稍晴，为阴历七月十五节期，村中各家正忙于过节。余因暂停调查，以观村中过节之热闹。久别家乡之余，值此情景，其中乐趣，惟有与余具同一境遇者知之。及晚，余家四宅小弟侄们，争放天灯，欢声高呼，震动天地。是晚天高气清，玉兔照旷野，百步见人。空中星星天灯，游行云河，时明时晦。坐观此景，令人神怡。
>
> 廿五日，早起观天色，似阴阴欲雨。是日仍停止调查工作。夜再观各弟侄们放天灯。诸弟侄们中有年纪稍长者，每见外来之天灯坠地，则随同村中童子，呼声争拾。其拾着者，则携回家中取油再放，活泼快乐之状，令人油然羡慕！人生快活，愿常如童。忆余年少时，此时此日随从各兄长之追拾天灯，正与今同；曾几何时，已不复为此矣，宁不令人兴悲？

林缵春所回忆的中元节经历与宣统《乐会县志》中所记载的习俗相同。据宣统《乐会县志》卷二《风俗》记载："中元节放天灯，用彩纸朗纸剪金银为楮帛，具馨香以祀祖，曰烧冥纸。作盂兰会，施食以赈孤魂。"乐会县其他岁时节日习俗："立春前日，县主至东郊迎春，老稚竞看土牛，以豆谷洒之，谓可消压痘疹。鞭春，则取牛土饰灶，为一岁之吉祥。元旦，各相贺禧，童子臂缠钱，如其年庚，曰守岁。越三日炒赤口，用猪油炒干饭以安蚁，兆四季之均安。清明前后三日，扫墓添土，剪除荆棘，谓之修坟。三月三日，祝天后诞。四月八日，培冢垒土，墓前祭酒，归家亦备酒醴以祀先祖。端午，取香草悬艾虎，饮菖蒲酒；浸花水以供神浴体，洁牲仪以荐香火；馈尚角黍；放风筝，加以藤弓，声喧天际；龙舟竞渡，来往争观。六月六日，晒衣祛蠹。中秋，会宴玩月。重阳，携酒登高，放纸鸢角高下。十月，报赛乡里，有祀灶奉祖先之举。冬至，修墓，士大夫行贺礼。腊月祀社，亲邻各具仪馈。除日，扫室尘洗炉灰，具酒醴辞岁于神，曰围炉；挂红钱于门楣，换门神，贴春联，放竹爆以逐祟；用筐盛香脚旧扫，远出门外数十步，曰送穷；家人燃灯守岁，通宵不寐，曰迎春。"林缵春童年时期所经历的节日习俗，应与文献记载相似。

石头村与邻村之间，道路蜿蜒曲折，若是雨后更是泥泞难行，林缵春回乡调查时就经历了一次，他在《琼崖考察记》中记载调查北山、北岸、大洋、青塘园等村时写道："余等再东行，沿途路线蜿蜒，有坡地，有田塍，地低田水溢流，多所被淹。""由此往北岸，约三里，尽田径，且地低积水，深处数尺，浅处亦约一尺，若非熟识路途者，必为所迷。余因同行堂兄识途，达许乡长家时，乃遣去队兵，此为避免农民见疑，利于调查之故，讵意堂兄至此，竟茫然失路。其所行蹊径，非水深二尺左右者，即途径狭小，泥滑难行。余素不惯行此路，是时蹇滞蹭蹬，蹶踬者数次；正千钧一发时，忽有水蜞，大如拇指，向余奔来。余生平最怕此物，忆髫龄时，乡间玩水，为一水蜞所啮，心中忡怔不安者数日，不觉悚然股栗。急飞步，欲速行，不意一时不慎，踬然颠蹶。时堂兄行前，不知，因不觉戛然叫曰：'跌倒矣！'时衣裳尽湿，手足皆泥，其状之狼狈，真有不可以言喻者。"等等。类似这样的经历均详细记载，从中也反映出林缵春童年时期的乡村生活环境。

三、西方殖民与民国革新下的童年教育

1916 年至 1920 年，林缵春在家乡石头村的初小念书，小学校舍是石头村村民自己捐资修建的新校舍。

林缵春在广州国立中山大学读书期间，曾著文回忆自己幼年时期的教育："在过去，除了少数儿童跟父兄赴南洋各地就学外，在村中就学的子弟还有男女生百余人。这可以说，无一家子弟不入学读书的了。"石头村的村民虽然贫穷，但是传统上就形成了重视子女教育的习尚，加上有不少人到南洋谋生，深知教育改变人生命运的重要性，故十分重视对子女的教育："因为村民多商于外洋，感觉到教育需要的这村，只从他们很踊跃地捐下八千余元来建筑一间乡村小学看来，便可知他们对于教育的努力和村中教育的发达了。"尤其是在南洋经商打工的家庭，捐助钱款尤多。

林缵春上小学的年龄正好赶上新式教育的推行。清末，在"西学东渐"的时代背景下，废私塾、兴学堂已经成为社会教育大趋势，地处南荒边陲的乐会县也兴起了开办新式学堂的风潮。光绪三十年（1904）5 月，乐会县知县李光襄奉朝廷诏，废科举，兴学堂，先后两次召集邑绅捐银 800 余元，并拨公款银 1000 余元，在乐会城东门外三圣庙故址兴建官立高等小学堂。这是乐会全县小学之始。之后，全县各地又逐渐兴建了多所小学堂，据新中国成立后所修的《琼海县志》记载："乐会、琼东两县在废私塾兴学堂之时计有学堂 28 所，其中高等小学堂 2 所，初等小学堂 26 所，学堂分为官立、公立、私立三种。"中华民国

建立后，政府很快就颁布了《普通教育暂行条例》《普通教育暂行课程之标准》和《禁用前清各书通告各省电文》等法令，奖励女学，男女同校，废止读经，教科书的内容务须合乎民国宗旨，禁用清朝学部所颁行的教科书等。民国三年（1914），乐会县公署推行新学制，将学堂改称为学校，高等小学校学制 3 年，初等小学校学制 4 年，并允许男女同校读书。这一时期，乐会与琼东两县共改置高、初等小学 150 所，其中县立高等小学 12 所。民国十一年（1922）又改革学制，规定高等小学 2 年，初等小学 4 年。民国十四年（1925）设置乐会中学，至民国十五年（1926）乐会县小学已达 315 所，学生 9000 人。中华民国时期的小学一般设修身、读经、作文、习字、史学、舆地、算学、体操、自然、格致、手工等科目，后增设三民主义及党义、童子军操等课程。

在西方殖民和东南亚华侨影响下，琼崖和乐会县的社会风尚也在发生急剧的变化，早在林缵春出生之前，琼州已经被西方国家列为通商口岸。在 1856 年中英第二次鸦片战争后，咸丰八年（1858）清王朝被迫与英国签订《中英天津条约》，在第十一款中规定："在牛庄、登州、台湾、潮州、琼州等府城口，嗣后皆准英商办可任意与无论何人买卖，船货随时往来。至于听便居住、赁房、买屋、租地、起造礼拜堂、医院、坟茔等事，并另有取益防损诸节，悉照已通商五口无异。"琼州（今海口）等 10 处被列为通商口岸，准许英商船货往来、经商、买房居住、租地、传教等事宜。随后法国、德国、丹麦、比利时、意大利、西班牙、奥地利、俄国、美国分别与中国签署了条约，这些条约都将琼州列为通商口岸。同治八年（1869），英国根据《中英天津条约》第二十七款修正的中英新约放弃琼州口岸，改为温州口岸。不过两年之后，即同治十年（1871）又重开琼州商埠。《清史稿·邦交志·英吉利条》记载："先是同治七年（1868）修新约，英使阿礼国允将琼州停止通商，以易温州。至是，英使威妥玛与法、俄、美、布各国咸以为请，允仍开琼州。"光绪二十三年（1897），法国要求清政府不能将琼州割让和租借给他国，清政府也被迫同意。海南岛处于西方殖民的前沿地带，工业文明的气息吹拂着传统的蛮荒之地。

琼州被开辟为通商口岸后，西方国家纷纷前来海南设置领事馆、邮局，进行通商、传教等事务。英国在盐灶设立领事馆，盐灶路在今天海口市龙华路北面。据史料记载，盐灶路八灶街一带原来有八个村，从清朝初年开始，先后形成了老庙、新庙、上灶、下灶、博义、六灶、七灶和八灶等八个村庄。法国在海甸岛六庙坡尾设立领事馆，六庙在今海口市海甸岛上。英国、法国、安南（今越南）、香港等国家和地区先后在海口设立"客邮"。清咸丰八年（1858），英国、法国在海口设邮局各1处，光绪十年（1884）至光绪十八年（1892），香港、安南（今越南）在海口设邮局各1处，雇请中国邮员，为其处理邮务，直到民国时期的1923年12月，客邮才停办。

1876年4月1日，外籍税务司管理的琼州海关在海口正式成立，海关地址在今海口市中山路尾南侧。琼州海关简称"琼海关"，俗称"洋关"，负责管理进出海南岛的国际轮船贸易。海口成为英国在厦门、香港、海防之间的一个交通中途站，有汽船定期往来，有美、英、德、法、日、泰等国家轮船往来经商，国际航线抵达荷兰、新加坡、东京、西贡、海防、曼谷等国家和地区。据资料统计，光绪八年（1882）出入港口外轮478艘，运货19.9346万吨。光绪十二年（1886）征收税款13.3万海关两中，单鸦片税即达5.8万海关两，占当年征收税款的43.6%。光绪十七年（1891）为591艘，计35.060万吨，年贸易总额约为200万两白银。宣统元年（1909），对外贸易总值达756.7万海关两、征收税款28.3万海关两，为此前历年之最，其中鸦片进口占相当大比重。琼州海关被西方国家控制，西方国家利用权力，任意减免进出口关税，结果廉价的印度棉布、英国棉纱和其他洋货进口猛增。西方各国输入的商品有棉丝、汽油、火柴、铁钉、染料等，光绪三十一年（1905）进口的主要商品有大米62352担、煤油847340加仑、火柴

283034 萝、棉花 1803 担、棉绒 19041 担、白布料 16650 件，全年进口货物净值 687604 海关两。光绪三十四年（1908），进口大米 30335 担、煤油 1620395 加仑、火柴 355286 萝、白布料 22879 件、棉布 8317 件、棉纱 16500 担、铁丝 1683 担，进口货物净值升到 7129208 海关两。宣统二年（1910），港口货物吞吐量达到 859412 吨，旅客出入境为 67899 人次。宣统三年（1911），进口大米 254821 担、火柴 314027 萝、煤油 1238200 加仑、棉绒 16415 担、铁丝 325 担，进口货物净值为 5415280 海关两。光绪十八年至二十七年（1892—1901），进口主要物品有：一类是毛织品，有英国羽毛、羽绫、宽毛料，西班牙纹绒布、衣毛料、绒布、毛毯，意大利毛巾 8 项；一类是五金，有铁钉条、铁丝、旧铁、铁钉、黄铁片、钢、水银 7 项。从海南出口的货物主要有土糖、芝麻、花生饼、槟榔果、麻布、皮革等。大宗货物主要输往香港，输往日本及南洋之间的贸易有烟叶、渔网和皮箱等，光绪十八年至二十七年（1892—1901），海口出口主要货物品种有槟榔、鱿鱼、鲜蛋、咸鱼、良姜、牛皮胶、土布、花生饼、麻袋、木麻、牛皮、皮革、龙眼肉、草席、中药材、生猪、家禽、芝麻、蚕丝、红糖、白糖、动物油脂、烟草等 23 种。光绪八年至十七年（1882—1891），海口对外贸易额每年 200 万—300 万两银。光绪二十四年（1898），海口向香港、马来西亚等地输出额为 1258498 两银。琼州开埠后的进出口贸易对海南社会产生一定影响，客观上带来西方先进的科学技术和生活方式，受西方国家殖民和东南亚影响，海南发生许多变化，比如出现了邮局、轮船、火柴、煤油等，不再使用花生油点灯。

1912 年中华民国政府成立后，在海南设置"琼崖绥靖处"。1914 年改置道，姚春魁任琼崖道尹，下辖琼山、澄迈、定安、文昌、琼东、乐会、儋县、临高、万宁、昌江、陵水、感恩、崖县 13 县。中华民国的成立加快了海南社会风尚的变化，首先是城市建筑风格发生变化，据陈铭枢总纂《海南岛志·人民》记载："自民国以来，风气所趋，各县城次第拆毁，改筑马路，屋宇竞尚西式，如文昌、琼山、定安、琼东等县城及海口、嘉积市等，咸焕然改观，已非昔日之比。"琼州府城及各县城市区多采用瓦屋，建筑宽敞，屋式开成"二"字，厅堂、窗户设置比较雅适。海南民众的服饰也发生重大变化，据周文海重修，卢宗棠、唐之莹纂修民国《感恩县志·舆地志》卷一记载："妇女恒纺织吉贝为土布，以供自用。迄洋纱通行，自纺均废。"城市中男子穿西装，女子多剪发，穿时髦服装。除此之外，其他方面也均在发生不同的变化。

乐会县是"下南洋"较多的地区之一，社会习尚也深受南洋的影响，据林缵春著文描述自己的家乡："这个小小农村，有很多男子出洋经商，濡染欧风，居住多半是洋式的房屋，日常采用的多半是洋货，表面上虽然好像是已经洋化了，但是究其内质，则风俗、习惯、迷信、思想等，仍是传统的封建的方式，这种表面洋化、内质土化的农村，可是矛盾得很了。"可见，林缵春童年时期就受到西方风气的影响。

四、求学马来西亚

1920年，年仅12岁的林缵春随早已在马来西亚经商的父亲到那里读书，麻坡市有华人创办的学校，一直念到1924年，即到16岁。

海南人的"下南洋"风潮，由来已久。海南处在我国和东南亚的交通要道上，传统上与东南亚也一直存在着密切的贸易关系，在贸易过程中一些人居留国外。不过海南人大量外迁始于明中期，这一时期刺激海南人迁徙的直接原因是受福建、广东一带移民影响。东南沿海的福建、广东一带地狭人稠，生活困苦，人们纷纷乘坐贸易船只偷渡到外地谋生。海南岛与福建、广东一带一衣带水，先前一直是福建、广东人迁徙目的地之一，比如海南东部就多为闽、广一带移民，两地居民气息相通，加上海南一些地区土瘠民贫，因此伴随着闽、广人下南洋的热潮，海南人也投靠亲友到东南亚谋生，前往东南亚的人以文昌、琼山、乐会、琼东四县最多。先期抵达东南亚谋生的华人许多在经济上取得了成功，又进一步刺激更多的家乡人向东南亚迁徙。在1819年新加坡开埠之初，海南商船就已经抵达新加坡贸易，道光十年（1830）刊行的约翰·克劳福德（John Crawford）著的《出使暹罗和印度支那王朝日记》中专门提到海南岛来的商船："中国船来此（指新加坡）贸易者，有福建、广东及海南岛船，但海南岛之船较小，其货值亦不多，其输来之货品为陶器、铺地之砖、雨伞、鞋、纸、神香、干果及药材等。"又曰，"交趾之外贸易国，每年有海南岛船约15至20只，每船载重2000担至2500担。"日本学者小叶田淳著《海南岛史》中记载："19世纪的初叶，每年从海南到暹罗的戎克很少有40艘以下的，到越南南部的25艘，到河内以及越南北部的通常有50艘，其载重量在100吨乃至150吨。此类船只作为从事国外贸易的戎克，也是最小的船只，而其种类也最多样。嘉庆二十四年（1819），英国占领新加坡之后，因需要大量的劳动力，从本岛向此处有大量的移民，同时也伴随着物资的交流。"这些文献证明海南人早期就已经开展与东南亚国家的贸易经济等交流。

第二次下南洋高潮在1840年鸦片战争之后，这时英国、法国、荷兰、美国等西方列强在东南亚殖民活动进入高潮，大量种植橡胶、甘蔗、油料等作物，开采锡、石油等矿业，出于掠夺殖民地原料的需要，这些西方列强大量贩卖华人劳工到东南亚作廉价劳动力，海口也是重要华工出口口岸之一。鸦片战争之后，海南人大量向岛外迁徙，咸丰八年（1858）琼州被辟为通商口岸后，帝国主义国家在海口设立了10多间"招工馆"，公开招募契约华工，或用欺骗的手段诱骗及绑架许多来自高州、雷州等地和海南岛的贫苦百姓及经济窘迫的劳动者，运往东南亚，如越南、马来西亚、新加坡、泰国等殖民地，为他们开荒拓疆，种植橡胶，开采矿藏，掠夺殖民地的资源，使其成为失去人身自由的苦力，过着非人的生活。清光绪二年至二十四年（1876—1898），从海南出洋共24万余人，其中大多数为"猪仔"苦力。同时，随着海口贸易日益发展，石油、棉纱等商品大量进入，海口传统燃料海棠油、原棉加工受到致命打击，从业人员几乎全部破产和失业，漂洋过海当劳工的人数剧增。台湾学者苏云峰认为：海南的"猪仔"贸易开始于1876年，一直到1913年结束，主持此类活动的是德国商行"森宝洋行"，它于1886年在海口设立"招工馆"，法国商行"哩哩洋行"与"几利幺洋行"，共设"招工馆"28间。到1913年琼崖绥靖处长邓铿枪毙"猪仔"客头（名阿二，雷州人），贩运"猪仔"的活动才告结束。陈翰笙《华工出国史料汇编》第五辑记载：1876—1898年，到海外的海南人达24.17万人，平均每年1万余人。1902年，海南遭受旱灾，五谷欠收，当年比往年前往曼谷的人口增加57%。据统计，1902—1911年间，海南每年迁徙到新加坡、泰国的人口达2.7万人。因此，在此期间，大批海南人作为劳工被迁徙到东南亚。

第三次下南洋高潮是在1912年中华民国成立之后，据陈铭枢总纂的《海南岛志》记载："民国以来，远游之风益盛，其久客致巨富者殊不乏人。"这一时期的特征是大量女性外迁，与先期到东南亚并定居下来的丈夫或亲人团聚。

海南人迁出地，乐会县是较多的地区之一。1950年海南解放之前，文昌的海外华侨有9万人，另外琼山、琼东、乐会、定安等县各有数千人。据民国《海南岛志》记载："各县在外侨民最多者当首推文昌，约9万人。次则琼山、琼东、乐会、定安等县，俱有数千人。再次则澄迈、万宁、陵水、临高、崖县，各数百人。儋县、昌江、感恩诸地，则寥寥数十人而已。"华侨迁居地，以泰国、新加坡、中国香港最多，其次是越南、印度尼西亚、马来西亚等。从事的职业多与旅馆、酒肆、茶室、制鞋、缝衣等有关，也有少数从事种植树胶、经营航运的。海南人向东南亚迁徙也对海南社会产生了深刻影响，海南的服饰、饮食、住宅、婚姻等多方面受到东南亚和西方社会文化的影响。

乐会县是海南著名侨乡之一，林缵春在《琼崖农村》中也分析了家乡人下南洋的原因：

> 及后帝国主义的政治经济的侵略中国，海口开辟为商埠，继而地方多故（此因最大），乡间谋生不易，且跟着南洋群岛的开发，需要华工，于是东北部居民，如文昌、琼东、乐会、万宁、琼山、定安、澄迈等县，就竞向安南、暹罗、南洋群岛间，经营农、工、商诸业。

> 大家都是陷于缺乏耕地的苦境，这种情况，在交通较为发达的地方，如文昌、琼山、定安、琼东、乐会、万宁等县的农民，迫得竞相至暹罗、安南、南洋群岛等处谋生（其他如地方不靖，也是一个原因）；所留下来的小小耕地，就由他们的妻室、幼稚的孩子和殆属废疾的祖父母去操作。他们是村中的壮丁，家属中最优秀的劳力者，不过为着取得货币去维持全家的生活计，不得不如此。

较林缵春年长的王绍经（1860—1938）（曾任新加坡琼州会馆主席和中华总商会董事）是乐会人到东南亚的一个缩影。据《新加坡琼州会馆庆祝成立一百三十五周年纪念刊》所刊《前任会馆总理王绍经公传略》记载，王绍经原籍海南乐会县（今琼海县）温泉乡石角边沟村，生于清咸丰十年（1860）："幼年家境贫寒，其祖屋低矮窄小，父母靠耕田过活，养育绍经三兄弟非常艰苦。"十八岁那年，他与同县林氏结婚成家，不久长子出生。"家里添了孩子，生活就更困难了。眼看着家里日子难挨，当时故乡有不少人被迫出洋谋生，他便萌生了出洋闯生活出路的念头。光绪十年（1884）初夏，二十四岁的王绍经辞别了妻儿老小，抱着到异乡闯一番事业的决心，踏上了南行的征途。他行装简单，身上仅带四块光洋，还特别带上一瓶用金桔和辣椒腌制的辣椒酱。背上简单的行装，他从家乡步行，沿途买稀饭粗菜配辣椒酱吃，吃半肚饿半肚地上路，连晚上寄宿的也是便宜客栈。经过几天几夜的跋涉，来到琼山县的潭口，然后过南渡江从海口港坐小帆船渡洋——在海上漂泊了十多天，历尽了多少艰难险阻，终于抵达了新加坡港口，步入了人生征途中的另一番天地。"

林缵春的家乡石头村也深受南洋的影响，男子从小就纷纷外出到东南亚谋生：

> 这（石头村）村的生活，可以说大半是依赖南洋维持的，这由于村中出洋男子之多和村中洋化的普及，便可以知其然。以人数言，过去村中出洋的男子约有一百五十余人——以付回的金钱言，过去村中每年约有万元汇回。
>
> 外洋经商本是不难，钱亦易赚。所以村中租耕祖田的和出洋经商的，人数很多。计男子之中，出洋的十有八九，每年由外面付回的金钱，平均约在万元以上。

今天的石头村几乎每家都有东南亚的亲属。林缵春在1934年进行琼崖农村调查时，石头村全村八十九户中在东南亚谋生的就有五十户，只有三十九户家中没有人在东南亚谋生。与林缵春同村且年龄相仿的梁国栋（出生于1906年，原名梁启钦），6岁时父母双亡，家中亲人将他抚养大，十多岁漂洋过海去印尼投靠亲友，在亲戚的店里做小工、开汽车等。1926年，梁国栋参加了当地的中共地下党海外支部，开始走上革命道路，1930年梁国栋回到海南参加武装斗争，1933年梁国栋前往上海，任中共上海租界地下交通员。一次他在执行任务时被敌人逮捕，为了证明自己是归国华侨，梁国栋让亲人从印尼寄钱来保释他出狱，敌人看到从国外寄给梁的信款才作罢。1936年，梁国栋被琼崖特委派往延安抗大学习，因他在印尼时就开汽车，所以分配他到摩托车学校（中央办的专门培训汽车驾驶员的学校）当汽车驾驶教练员。1937年到1945年，梁国栋一直担任着毛主席的司机。

林缵春就读的城市是麻坡市，麻坡市（Muar，马来语，原作muara）隶属于马来西亚柔佛州（Johor），位于马来半岛最南端，南与新加坡隔海峡相望（距离不到两英里），北邻马六甲，是柔佛州的第二大城市。18世纪末，华人就开始在马来西亚种植胡椒、甘蜜等经济作物，19世纪80年代是柔佛地区种植的高峰期，并运输到新加坡出口。在苏丹阿武峇加统治时期，麻坡日趋繁盛，1887年8月，苏丹阿武峇加主持开埠礼，正式命名麻坡为"Bandar Maharani"（意为王后之城），人们又称"香妃之城"。开埠后，苏丹阿武峇加充分利用港主制度发展麻坡，许多来自福建、广东和海南的华人在此聚集兴业，并开设赌场、杂货店、餐馆，也兴办学校、医院等，形成华人聚集的社会。在东南亚的华侨十分重视子女教育，他们背井离乡初到东南亚谋生，大多数都是以最粗、贱、重、杂之职业为营生，流血洒汗，尝尽辛酸。正是由于自身受教育程度的缺陷，多数人在迁入地不得不从事底层的工作，无法走进居住国的上流社会，过着位卑而薪微的生活。为了改变这一现状，他们不仅热心办学，栽培自己的子女，还积极资助同胞亲戚的子弟求学。

麻坡市华人创办的小学有中化五小（中化1A、1B、2A、2B、三小）、中华基督小学等，中学有中化中学。中化中学的前身成立于1912年，1953年更改为中化中学，是由"中华男校"和"化南女校"合并形成的男女同校的学校，各取这两校校名中的一字形成"中化"，1962年该校不接受政府改制而成为华文独立中学，在当地是一所非常有名的华人学校，至今已经有一百多年的历史。

第二章

恰同学少年，风华正茂

　　1924 年，年已 16 岁的林缵春从马来西亚回海南岛读书，在琼崖府城省立师范学校读初中，半年后回家休养；18 岁时（1926）赴广州国立中山大学附中读书，一年后考入中山大学预科，两年后预科毕业；22 岁时（1930）考入中山大学农学院读书。但是不到一年，即 1930年下半年，因家庭经济困难被迫休学。休学期间，林缵春在广东省海康县立中学任教员，赚取读书的学费，半年后原打算复学，但此时接到母亲病危的消息，于是回到海南乐会县家乡，并出任乐会县立中学校长，时间约半年；1932 年（24 岁）到广西贺县县立中学任教员，时间约一年；1932 年底，回到国立中山大学农学院复读，一直到 1935 年毕业，其毕业论文《琼崖农村》荣获农学院当年唯一的"金质奖章"。林缵春在中山大学就读期间，积极组织"琼崖农业研究会"，调查和研究琼崖农业发展现状及问题，关心琼崖社会发展，并向政府献言献策，发展和建设家乡农业，可谓天之骄子，指点江山，意气风发。

一、积极组织"琼崖农业研究会"

　　林缵春在国立中山大学读书之时，正是中华民国初创时期，破旧立新，百废待兴。广州市又是孙中山时期的国民革命大本营，到处呈现出一派朝气蓬勃、欣欣向荣的景象。高校学生是时代的新生力量，他们以振兴国家为己任，十分关心国家和社会大事、关心学校的发展和建设，于是，一些志趣相投的学生就会聚集在一起，组织各种社团，以社团为平台，积极讨论和参与各类学术科研和社会实践。这一时期，广州高校的社团十分活跃，学生们的兴趣和关心的领域也十分广泛，可以分为学术型社团、政治型社团、文艺型社团、公益实践型团体、宗教型团体等，国立中山大学农学院的学术型社团就有 22 个，包括昆虫学会、园艺研究会等，"琼崖农业研究会"是其中最为活跃的社团之一。

　　1934 年 1 月 10 日，在林缵春以及国立中山大学农学院琼籍师生积极推动之下，"琼崖农业研究会"正式成立，林缵春被大家推选担任主席。"琼崖农业研究会"以中山大学农学院的琼籍学生为骨干，同时也聘请中山大学农学院的丁颖、邓植仪、黄枯桐、彭家元、林家齐、侯过、张农、利寅等教授担任顾问。"琼崖农业研究会"以"研究农学、革新琼崖农业、改良琼崖农村"为宗旨，会员麦冠华在《琼崖农业研究会及农业的发展》一文中说："琼崖农业研究会，就是负担这两种使命——给人民介绍农业知识和促进政府开发琼崖农业。""琼崖农业研究会"会址设在中山大学农学院内，会章规定凡是中山大学农学院教职员与学生，熟悉琼崖地方情况者均可成为会员。研究会有五人干事会，设有总务、文书、会议、出版、研究、调查等 6 个股，从这些部门设置上可以看出"琼崖农业研究会"开展的活动是十分广泛的。

　　林缵春之所以组织"琼崖农业研究会"，热情关注海南农业的开发与发展，有其特殊的时代背景：

　　中华民国初期中央和广东地方政府对开发海南岛的重视，是其中一个重要的时代背景。早在中华民国成立之初，孙中山就提出在海南建省，并大力发展海南实业，以达到巩固国防的目的，据《孙中山全集》记载："（1912年9月11日）午后3时，（孙中山）出席广东旅京同乡在北京南横街粤东新馆举行之欢迎会。先生谈及琼州建省问题：'琼州则孤悬海外，当民国之最南——今为边防起见，宜将琼州另立一省。''至于实业，则琼州四面滨海，物产甚丰——若为外人所占，则大利外溢，贻患无穷。'"同日，孙中山与梁士诒等36人具名撰写《琼州改设行省理由书》，从巩固国防、开发天然资源、发达该岛文化、国内移民、便于行政管理等5个方面阐述海南建省理由："夫以中国之大，仅有台湾及海南两大岛。甲午之役，台湾割让于日，日人经营十年之久，自铁路开设，行政、教育制度整理以来，昔者硗确之区，今变为膏腴之府。旅行台湾者，不胜今昔之感焉。夫同一物也，视管理之才不才，而地位自异。爱惜而保护之，则其势可以参天；轻视而废弃之，则朝不保夕矣。凡物既然，国家之领土，何独不然。今台湾既去，海南之势甚孤，倘一旦为外国所占领，微特该岛人民受蹂躏之祸，恐牵一发而动全身，即神州大地亦必受其影响。"之后，孙中山在《建国方略》的《实业计划》中也倡导和推动在海口建港："此港位于海南岛之北端，琼州海峡之边，与雷州半岛之海安相对，海口与厦门、汕头俱为条约港，巨额之移民赴南洋者，皆由此出。而海南固又甚富而未开发之地也，已耕作仅有沿海一带地方，其中央犹为茂密之森林，黎人所居，其藏矿最富。"在孙中山的推动下，国会议员陈策、王斧军等琼籍知名人士发起成立海南建省筹备处，积极落实孙中山的倡议，但是，之后因陈炯明叛乱、广东局势告急而作罢。

在孙中山等倡导之下，广东省政府积极探索在海南推行现代农业技术和种植的实验。如1928年北伐胜利后，广东省政府在海南设立了南区善后公署，在琼山府城东南那梅村辟地千亩，设立海南农事试验场，其下分园艺、农业、林业、蚕、畜牧、虫害、测候、化验等八股，拟推广现代农业技术。1929—1936年，在陈济棠主政粤省期间（注：1929年陈济棠利用广东军政府内部矛盾，独揽广东大权。直到1936年，广西广东倒蒋未成反生内战，蒋介石用收买和分化手段，使陈济棠离穗赴港），拟定了《发展广东三年计划书》，把广东分为五个重点蔗糖区，琼崖是其中之一。1932年5月，又重设琼崖实业局，开展征集、试验、推广良种及推广栽培新技术等工作。在府城小南门外及文昌、儋县与崖县等处设立农业试验分场等。1934年9月，所制定的《救济广东农村计划》中提出建立"热带经济林业经营区"，种植橡胶、高根树、柚木、咖啡、金鸡纳树、椰子等，并设树胶、咖啡、椰子等加工厂。在中央政府和广东省政府的重视下，琼州如一片热土，开始焕发出勃勃生机。1932年间，陈策、伍朝枢等人重新请求政府将海南改为行省，当时的中央政府曾委任伍朝枢为特派员，负责策划此事，最后也无疾而终。

东南亚华侨回国投资的热潮，也是其中一个时代背景。早期侨居在东南亚的华侨（包括海南）有许多是经营热带作物的，其中在马来、荷属诸岛者多经营橡胶、椰子、甘蔗等作物，在菲律宾者多经营烟草、麻等作物，已经积累了丰富的经营热带作物的经验。海南岛气候环境与东南亚国家相似，清末时期，就有一些华侨回到海南岛经营热带作物。海南籍的台湾学者苏云峰称："由于海南人移居南洋多年，自然熟悉南洋的生产方式，而南洋地理及生态环境与海南近似，遂有引进栽培于家乡的念头。"苏云峰把清末至1945年的海南农业改良分为三个时期：第一个时期是从清宣统年间至1927年琼侨引进南洋经验时期；第二个时期是从1928年至1937年的民国广东政府对海南实行综合开发，引进大陆经验时期；第三个时期是从 1939 年至 1945 年，日本占领海南，引进台湾经验时期。华侨对海南农业的开发与改良是其中一个重要力量。

以橡胶为例，1902 年，侨居南美秘鲁的华侨曾汪源和曾金城父子从马来西亚引种第一批胶苗，在海南儋州洛基镇西岭村一带培育试验栽植成功，开创了中国栽培橡胶的先河。清光绪三十二年（1906），原籍乐会县南盈村（今琼海市朝阳镇南盈村）的旅居马来西亚的华侨何麟书筹股 5000 光洋回乡成立"乐会琼安垦务有限公司"，在乐会县崇文乡合口湾创办了占地 250 亩的"琼安胶园"，从马来西亚引进种苗培育种植，成活 4000 株，这个胶园成为海南有史以来的第一个橡胶园。1907 年，华侨区幕颐又办起了"那大橡胶园"，引进上万株巴西三叶橡胶种苗。之后，石壁的"南兴"公司、那大的"侨植"公司、加赖园的"茂兴"公司、铁炉港的"农发利"公司相继成立。到 1937 年抗战前为止，海南全岛共建有大小胶园 94 家，垦荒植胶面积 10574 亩，橡胶共 216500 株。林缵春在《琼崖农村》调查中提到，1934 年海南全岛计有大小橡胶公司 49 家，其中乐会有 18 家、定安 17 家、儋县 5 家、文昌 4 家、万宁 3 家、琼东 1 家、琼山 1 家，植胶 21.7 万余株，占地面积 10575 亩，资本总额 36.1 万余元。除此之外，华侨还投资椰子、咖啡、菠萝等各种热带植物产业。1929 年，美国和欧洲爆发了世界性经济危机，各种矿业大都萎靡不振，南洋华侨大受打击，于是资本回流投入在国内事业上，海南岛便成为投资较为集中的地区。广东省政府方面也采取了一些吸引侨资返琼建立热带种植园的政策，并派侨务委员会赴琼调查，指定人员驻于当地与华侨接洽投资事宜，激发了华侨的投资热情。据统计，截至 1935 年，海南橡胶园已达 91 家、咖啡园 67 家、菠萝园 77 家。从中央到地方对海南的重视，使海南成为经济发展的热土，这是促使林缵春关注海南农业开发的社会背景。

日本对我国领土海南岛的觊觎，也是其中一个时代背景。早在

1894 年甲午海战后，清政府被迫与日本签订了《马关条约》，日本窃取中国台湾、澎湖列岛等领土。1901 年，日本商人西泽吉次遇风漂至东沙岛，窃取磷质鸟粪回去化验，这是日本人介入南海及南海诸岛的开始。清光绪三十三年（1907）6 月 30 日，日本商人西泽吉次带领100 余人乘"四国丸"轮船再次前往东沙群岛，7 月 3 日登岛，并驱赶在此居留捕鱼的我国渔民，拆毁我国渔民在岛上所建的天后庙，清除渔民在岛上留下的痕迹。然后日本人在岛上建筑宿舍，竖立 70 尺长竿，悬挂日本国旗，将岛改名为"西泽岛"，暗礁改为"西泽礁"，将东沙群岛据为己有，并在上面开采鸟粪和经营海产。抗战之前，由于意识到海南岛有可能沦为第二个台湾岛以及东三省的下场，因此激发了国内爱国青年及海外华侨的爱国热情，掀起了研究与开发海南热带资源的热潮。

　　除了社会和时代背景之外，与林缵春自身也存在着密切关系。少年时，林缵春在马来西亚读书，目睹和感受到东南亚农业在西方殖民背景下、现代科技促进下的发展，而海南传统农业却面临着破产的困境，林缵春在《琼崖农村》引言中提到发展琼崖农业的重要性："（一）因为它是我国唯一的产生热带物产底区域，它的气候、土质、地势、天然又均较胜于世人所视为日本的宝库的台湾；所以当这全国经济陷于极度危机的时候，倘能把它开发起来，则一部分的失业人民或可得而救济，广东的米荒糖荒或可得而解决，国民经济或亦可因以繁荣。（二）因为它是处于我国极南的政治和军事的要地，所以际此国际风云，日形险恶的时候，倘能把它开发起来，以充实其实力，我国的疆土或可保无虞。"可以说，林缵春关于开发琼崖农业的观点，既秉承着中华民国初期政府的开发理念，也带有个人的感悟。

　　"琼崖农业研究会"成立之后，林缵春领导协会成员积极开展工作，在短暂的几年时间内，成绩斐然，大体有以下一些方面的贡献：

　　第一，实地调查海南热带农业资源。林缵春倡导"琼崖农业研究会"会员深入海南农村调查，获得大量有关海南农业与农村状况的资料。如民国二十三年（1934）8月2日至9月8日，林缵春利用暑期独自一人到海南农村调查，共调查了文昌、乐会、琼东、儋县4县52村。此后，又组织其他会员到海南考察。1935年6月6日，"琼崖农业研究会"向各界人士募捐，组织"琼崖农业考察团"赴琼考察，两个月期间主要考察农业经济、稻作和果树，也关注渔、盐、森林和矿产等方面。1935年11月他们在会刊《琼农》月刊发表了《调查特辑》，刊载了会员赴海南考察调查的材料，另外一些研究成果发表在中山大学农学院的《农声》上。开展这些农业调查的目的，林缵春在《写在卷首》中写道："调查可以得到开发琼崖的根据，宣传可以唤起国人的注意。所以本会两年来，就努力致力于这一点。"实际上，他们也做到了这一点。

第二，开展对海南热带农业资源、技术等方面的开发研究。林缵春在"琼崖农业研究会"所办的会刊上积极撰文，第一期《琼农》于1934年3月出版，其中就有林缵春的两篇文章。在这个刊物中，林缵春的文章是比较多的，是这个理论刊物的核心撰稿人之一。1935年6月1日，林缵春在《琼农》发表《琼崖几种作物在中国的重要性》，主要介绍了树胶、咖啡、槟榔和椰子，阐述了各种作物的重要用途，并展示了最近农业调查的情况。"琼崖农业研究会"其他成员也都是学习农业的，均是利用自己的特长进行热带农业研究，并介绍外国农业科技成果，比较突出的方面有：热带经济作物的研究，集中于橡胶、咖啡、椰子、菠萝、香蕉及其他园艺作物栽培方法；海南土壤、化肥的研究；海南水稻、耕作方法的研究；海南林业及发展前景的研究；海南热带经济作物病害及其防治的研究，以及海南农业经济、农村改良等方面的研究。园艺专业类的研究成果包括：1934年11月1日，"琼崖农业研究会"会员风雅（注：林缵春笔名）在会刊《琼农》发表《姜之栽培及软化法》，阐述了适应于海南地区的姜的栽培方法。

第三，政策建言。发展海南农业需要首先解决教育和人才问题，"琼崖农业研究会"向广东省政府建议在海南岛设立"省立第五农业职业学校"。1935年2月，"琼崖农业研究会"呈文当局，要求在海南设立"省立第五农业职业学校"，以培养现代海南农业人才，广东省当局给予了积极回应。林缵春还为此专门写了《筹办中的琼崖农业学校》一文，发表在1936年《琼农》第28期上。在文章中，林缵春对海南应设立农业学校的重要性，以及如何办好农业学校进行了专门的阐述。但一年之后，广东省当局仍无动作。1936年10月，林缵春再度呈文省教育厅，得到回批将列入下年计划，但在后来的文献记载中，并没有看到这一农业学校的设立计划。不过，林缵春和"琼崖农业研究会"的积极努力不可否定。

第四，创办《琼农》杂志与出版《琼崖农业研究会丛书》。"琼崖农业研究会"在成立之初就创办了自己的研究阵地《琼农》月刊，该刊物创刊于1934年3月1日，作为研究会的机关刊物。原为月刊，后来则以数期合刊为主。《琼农》一共出版了48期（另一种说法是42期），到1937年9月止，每期约为10万字。撰稿人除研究会中的成员外，还有作为研究会顾问的中山大学农学院教授。

中国高校农学期刊最早发端于晚清，随着西方科学技术的传入，国人逐渐认识到农业科学技术的价值，纷纷创办农业刊物，传播西方农业科学技术和研究国内农业发展技术。罗振玉最早在湖北农务学堂创办了《农学报》和《蚕学报》。1912年中华民国成立后，加强了高等农业教育体系建设，高校农学期刊呈现出迅猛的发展势头，刘兴亮、张蕾蕾在《民国时期农学类期刊论析》一文中认为当时一共有159种农学类刊物创办，其中就有中山大学农学院的刊物《农声》和《琼农》。而刘小燕、姚远在《近世中国高校农学期刊的嬗变与演进》一文中认为在整个中华民国时期，高校农学期刊创刊数量共达227种，仅国立中山大学农林科就创办有《琼农》《中山大学农学院农林研究会丛刊·

第三类·农林化学系专刊》《土壤与肥料》《农声》等刊物。

《琼农》月刊是"琼崖农业研究会"主席林缵春领导下的琼籍师生会刊,除了自己在上面发表大量研究论文外,还肩负着对会刊的组织和管理职责,《琼农》月刊对社会的贡献与林缵春的努力是分不开的。在民国时期所有的农学类刊物中,这个由林缵春和琼籍师生创办的《琼农》月刊有其独特的地位,主要表现在,《琼农》月刊所刊文章主要分为三类:第一类是有关海南建设、农业资源开发、农业教育、农村改良的评论、专论,有关海南农业资源、农业现状及其他实业的调查报告、见闻;第二类是有关海南热带农业科学技术的研究论文;第三类是介绍外国人对热带农业的研究成果、对海南的调查报告的译文,等等。以《琼农》对国外研究成果介绍方面的成绩为例,《琼农》月刊通过刊登许多译文,介绍外国有关农业科学技术,以及研究有关海南农业的调查报告等方面知识,其中有:林缵春翻译的(日)平间惣三郎所著的《海南岛农产业》,分载于《琼农》月刊第15—16、18、19、20—21、22、23—24、25—27、28、29—31期。陈世咏翻译的M.Diehr所著的《调查:海南岛内地旅行报告书》,分载在《琼农》月刊第12、13—14、20—21、22、23—24、25—27、28期。周元光翻译的《热带农业培肥概论》,分载在《琼农》月刊第18、19、22、23—24、25—27期。A.Jacob、V.Coyle所著的《甘蔗之施肥》,分载在《琼农》月刊第15—16、39—40期。云惟扬翻译的《农话:草菇栽培》(载在《琼农》月刊第4期)、泽田兼吉所著的《施肥量与水稻的子实稻热病及其子实所生之秧苗的关系》(载在《琼农》月刊第18期)、伊藤离吉所著的《育雏法》(载于《琼农》月刊第19、20—21期)、Fronda和Mallonga所著的《以椰油粕为小鸡的蛋白质补充饲料的研究》(载于《琼农》月刊第25—27期)。温文慧翻译的《咖啡之繁殖法》,载于《琼农》月刊第15—16期;《农林珍闻:防治猝倒病的一种新法》,载于《琼农》月刊第25—27期;《农林珍闻:蝼蛄(土狗)的防除法》,载于《琼农》月刊第 25—27 期。陈冠友翻译的 W. E. Collins 所著的两篇文章,《农话:甘薯栽培法》,载于《琼农》月刊第 13—14 期;《亚热带蔬菜园艺》,载于《琼农》月刊第 25—27 期。张俊、徐广翻译的《亚热带蔬菜园艺》,载于《琼农》月刊第 28 期。丁颖翻译的《农话:覆盖栽培对咖啡产量之影响》,载于《琼农》月刊第 6 期。刘二明翻译的《介绍:椰树之芽腐病》,载于《琼农》月刊第 11、12 期。徐文征翻译的 F. S. Earle 所著的《甘蔗之繁殖》,载于《琼农》月刊第 15—16 期。麦冠华翻译的井上肇所著的《绿肥作物绿苹的栽培法》,载于《琼农》月刊第 15—16 期。陈兴琰翻译的《木瓜与木瓜素》,载于《琼农》月刊第 28 期。慧泽翻译的 Dr. Heusser 所著的《树胶树之花期及果期》,载于《琼农》月刊第 39—40 期。《琼农》月刊中发表的翻译外国研究成果的文章可以分为几个层面的内容:从研究对象上,一类是外国人所研究的海南农业,一类是介绍外国人所研究的热带作物。其中后一类文献最多,涉及水稻、咖啡、木瓜、橡胶、甘蔗、椰树、甘薯、蔬菜、草菇等农作物,包括育种、育苗、栽培、繁殖、施肥、疾病防治、花期果期管理等许多环节,对推广和传播国外最新研究成果起到了积极作用。

当代学者在总结近代至中华民国时期国内出版的农学刊物时,均对林缵春和《琼农》月刊的贡献作出很高的评价,如刘小燕、姚远在对近代至中华民国时期的农学类刊物综合研究后评价道:"1934 年 3 月创刊的《琼农》,是最具地方特色的一种刊物,主要从区域农业角度出发传播农林知识以发展琼崖农林事业,是早期研究海南农业开发的唯一一份刊物。"其他农学类刊物不局限在一个地区,唯有《琼农》月刊是针对海南岛热带区域进行研究的刊物。罗璇、罗琳在《民国广东高校农科学生团体活动对当今的启示——以中大农科与岭大农科为中心》一文中也对林缵春及琼崖研究会会员宣传农业科技的成就予以较高评价:"其一,农学专业类的研究成果,琼崖农业研究会会员林缵春在

《琼农》发表《琼崖几种作物在中国的重要性》，主要介绍了树胶、咖啡、槟榔和椰子，阐述了各种作物的重要用途，并展示了最近农业调查的情况。其二，园艺专业类的研究成果。琼崖研究会会员风雅（注：林缵春笔名）在会刊《琼农》发表《姜之栽培及软化法》，阐述了适应于海南地区的姜生长的栽培方法。"等等。

"琼崖农业研究会"还筹集经费，出版了《琼崖农业研究会丛书》，前后总共出版了三辑：第一辑是魏亚魂所著的《新海南岛之建设问题》，该书有单行本印行，也在《琼农》7—8 期合刊至 13—14 期合刊上连载，全书约 8 万字，分三部分，"从史实方面探讨海南岛"，"海南岛在海防上所占之位置"，"从理论到实践的建设"，从历史和现状提出作者对开发海南热带资源的见解。第二辑就是林缵春的《琼崖农村》，该书于 1935 年 6 月出版，有黄枯桐、张农等农学院教授为之作序，凡 10 余万言，插图 10 余，统计表 20 余，分上下两篇。上篇为"琼崖农村经济研究"，叙述文昌、琼东、乐会和儋县等 4 县 52 村的土地分配、农业经营、农民阶级、租佃关系、剥削作用五个方面，描述了在三座大山压迫下抗战前海南农业生产力衰退与落后生产关系状况。作者最后结论是：由于帝国主义的侵略，新式的农业资本主义并没在海南发展起来，只是提高了海南的地租、苛捐杂税，扩充了商业资本、高利贷资本对农业经营者的压榨，资本主义世界的经济危机又反过来加速海南农村的崩溃。下篇为"琼崖考察记"，叙述作者的沿途见闻。最后一节为"琼崖农村经济崩溃中一小农村的实况"，通过解剖乐会县石头村状况，从微观上反映海南农业经济存在的问题。第三辑也是林缵春所著的《海南岛之产业》，出版于民国三十五年（1946）四月。

新中国成立后的学者们对"琼崖农业研究会"取得的成绩也都予以很高的评价，如华南农学院农史研究室吴建新教授评价："从清末到抗战前，历届政府对开发海南热带资源，只是徒有许多计划与宏愿，实际上并无多大作为。抗战前夕，中大抗战前夕，中大农学院琼崖农业研究会的爱国青年，面对日本'南进'，攫取海南的威胁，大力宣传开发海南的热带资源，进行热带农业的科学研究，做了大量出色的工作。"海南师范大学张兴吉教授也评价道："琼崖农业研究会提出了一些对海南颇有价值的看法。他们认为：海南农业教育还是空白的状态，是海南农业落后的重要原因之一。为此他们向广东省教育厅提出在海南建立农业学校的要求，以培养现代的海南农业人才——不过，在后来的文献记载中，找不到设立这一农业学校的记载，林缵春在海南兴办农业学校的愿望，在战前一直没有得以实现。"同时他们都对"琼崖农业研究会"的工作予以充分的肯定。

二、在琼崖农村调查的踪迹和情怀

民国二十三年（1934）8月2日，林缵春利用大学暑期，冒着热带地区炙热的阳光和密集的风雨，孤身一人到海南农村调查，至9月8日返回中山大学，历时37天，总共考察了文昌、乐会、琼东、儋县4县52村，形成调查报告，并在此基础上写作完成了大学毕业论文《琼崖农村》。该毕业论文最后获得了国立中山大学当年唯一的金质奖章，后来也由"琼崖农业研究会"出版为《琼崖农村》。故这次田野调查对其一生都有着十分重要的影响。

田野调查是兴起于近代西方国家学术界的一种研究方法，英国人类学家马林诺夫斯基于1914—1918年在西太平洋特罗布里恩德群岛的田野调查及《西太平洋航海者》问世后，这种研究方法开始作为一种科学的研究方法被广泛地接受。最初，这一研究方法主要在文化人类学或者民族志领域运用，后来逐渐被推广到其他学科。清末到民国时期，我国大批青年学子，包括蔡元培、陶孟和、李济、杨堃、凌纯声等分赴欧美学习人文社会科学，他们认识到实地调查方法是改造中国传统知识、建立现代学术研究的基础。学成归国后他们极力提倡通过实地调查搜集科学研究资料，以此来建设中国的人文社会科学理论体系。中国最早的社会实地调查是 1914—1915 年"北平社会实进会"对北平人力车夫的调查，陶孟和分析整理调查资料撰写出了《北平人力车夫之生活情形》的报告。之后，在社会学、文化人类学、民族学等学术领域兴起了田野调查的热潮。国立中山大学也是国内较早开展田野调查研究方法的高校之一，比如在国立中山大学校长、农学院院长和全体教授的指导下组成的"稷社东亚考察团"，一团 8 人，包括一位领队老师冯子章和 7 名学生，主要考察了日本及我国台湾、上海、南京等地的著名农业机关，"稷社东亚考察团"的《农学院东亚考察团调查报告》刊登在《国立中山大学日报》上，详细介绍了他们在上述各地考察的情况。

在中山大学农学院读书的林缵春，也深受田野调查方法的熏陶。他在《琼崖考察记》开端就介绍自己如何向农学院教授请教田野调查的方法："余为琼岛人，而琼岛之情形，亦多莫知。屡欲一行考察，而苦无机。今年七月间，时在暑期，本校农学院农政门教授张农先生，因见及此，乃呈请学校准予派余返琼考察。余奉派后，喜不自胜！乃就黄教授（枯桐），请教以调查方法，结果，特制就农村经济状况调查表多页，专为调查琼崖农村经济状况之用。"可见，林缵春的田野调查方法直接受益于国立中山大学农学院。经过对琼崖农村一个多月的田野调查，林缵春在琼崖田野调查基础上完成了题为《琼崖农村》的毕业论文。林缵春对田野调查方法的作用和意义十分肯定和推崇，他在随后出版的《琼崖农村》引言中曰："开发琼崖，并不是一件容易的事体。开发之先，必须调查其地势、土质、物产等情形，固不待言；而对于农村经济，尤为不可忽视。因为农村经济，在目前是琼崖整个社会经济的杠杆，它把握着全岛社会发展动向。这个问题，如果忽略了或研究不清楚，尽管改良农村，发展农业，以至建设新琼崖（当然开发琼崖不限于开矿和造林等的工作），恐怕也是徒劳而无功的。这即是说，开发琼崖底锁钥，如果没有把握到，犹如'缘木求鱼'，永远是不会成功的呢。"林缵春之后所发表的许多研究成果大多运用田野调查的方法，一直到二十世纪八十年代古稀之年时，仍然带领助手和学生奔波在海南田野之中，田野调查成为其一生的研究方法和习惯。

在林缵春调查之前，国内已经有数十人到琼崖调查过，形成了考察琼崖的热潮，但是唯有林缵春一人着眼于海南农村经济的调查，他自己也说："余此次返琼考察，除一般关于农民农业方面事无不考察外，而对于农村经济，尤为注意。盖欲从事改良农村，发展农业，以至建设新琼崖，除实际作此项调查外，别无他法。民国以还，国人之到其地考察调查者不下数十人，然而皆注重琼崖奇异瑰玮之物，而对于农村经济，则全忽略。琼崖今日荒蛮仍如昔日，斯不能无关也。故余此举，意即在此。"他调查琼崖农村的目的即是发展和改造琼崖农村经济，其志向之远大，令人钦仰。除了琼崖农村经济之外，林缵春同时也考察了林业、矿业、渔业、商业等产业，对政府行政、治安、交通、教育、医疗等公共设施和服务事事关心，无所不包，这为他其后完成《海南岛之产业》《海南岛之矿业》等相关研究成果奠定了扎实的研究基础。比如，他在考察途中关心地方政治建设。林缵春在琼崖考察期间，每到一地，首先要拜访当地政府部门，请求政府部门的协助，如（1934年）八月六日，他在海口先到琼崖绥靖公署："谒见参谋长（时陈委员上省），告以来意，并出示校长公函。蒙准令饬境内军警沿途保护，及转饬琼崖交通处发给往来舟车半价证。"八月九日，在文昌县拜访杨县长，"告以来意，并出示绥靖公署护照，请予护助。蒙予令饬所属护助公函，并介绍与县田亩调查处陈干事晤谈"。八月十三日，在琼东县，"再见李县长，蒙告以该县田亩调查情形，并介绍余于该县地方警卫队经费管理处与许谢两君相晤"。九月一日在儋县，"谒彭县长，出示绥靖公署护照，并告以来意"。对琼崖绥靖公署和文昌、琼东、乐会和儋县的县长均有拜谒，除公署、县级之外，与县下的局、处、区、村等各级部门均有所接触。民国时期，地方政府已经开始推行民主选举等新式管理政策，林缵春在获得琼崖各级政府部门大力协助的同时，也细心观察地方政府部门和人员的办事效率、腐败情况及工作中存在的问题等，如对文昌县"田亩调查处"的批评，该机构是新成立的，但是工作方法却十分马虎："其调查办法，由该处训练数十测量人才，分队到各区实地测量（多用目测）。此外并印有调查填报表及填报须知书等，以便农民填报。陈干事与余表格各一份，余披阅之，忽见其填报须知书中有标明一亩田等于十方丈者，不胜惊讶！盖余仅知一亩田等于六十方丈，而未见其等于十方丈者。因询陈干事，彼则赧然于色曰：'此不过马马虎虎做个标准耳。'国人办事，病在马虎。如此教民填报，其能真确乎？官厅调查之多不可靠者，由此可知。"在乐会县，他发现基层办事机构的腐败，原来早在民国十四五年后，琼崖政府就废除了旧式婚礼："各地因感昔日婚姻之繁缛，而废除锣鼓、花轿、八音等。凡昔日耗银三百元者，今则百余元可办，昔日费时七日十日不等者，今则一日可完，节省冗费，爱惜光阴，莫善于此。"结果，林缵春在乐会县第二区发现当地官员借此从中牟利："区办事处楼下有花轿一，余初怪其为玩物，及后乃知区中现在改良婚姻，凡娶新娘者，务须来区以五元租花轿迎亲，否则，一经发觉，依法严办，决不宽恕——今旧者繁者乃提而倡之，其用意何在，岂局外人所能知耶？"县长中也存在着官僚作风办事糊涂的事情，如乐会县县长对田亩的计算单位模糊不清，把乐会民间计算亩数的"田担"误认为是田亩收获的数量。

另外，对乐会县选举中的腐败现象也多有揭露："余以乐会为故乡，于请求县长发给公函令饬所属保护及予以便利调查外，对于地方治安、农村经济等情，询问尤详。……兹将其中一段关于乡长选举圈定之问答，录之如下：余：'乡长选举后，是否由县长圈定？'县长：'然。'

余：'听说县长所圈定者多为票数少者，愿闻高见。'县长：'然；君亦详知，票之多者，每多由运动或威迫而来，故余出此法。'余：'诚然；然则县长实获确证乎？就兄弟所知，如第二区乡长选举则未必尽然。'县长：默然（有难色）。余：'然则如此，票之多少既不能为圈定标准，明矣；而选举亦无须选举明矣。'县长：仍默然（色更难）。余：'以兄弟见解，与其如县长所圈定，不如先将送来入选之乡长名单，调查其出身、履历，然后择其品格学识较优者而圈定为善。然否？'时县长色更难，不得已乃饰辞以解之，遂告辞。"结果惹得县长十分恼怒，拒绝再见林缵春。林缵春自嘲："余自返县十余天，访（乐会）县长仅三次。首次县长亲自接见，再次派总务科长接见，三次即今最后一次派教育局长接见。盖其所以如此者，实因余初次接谈时不客气忠告以县中办事人员之黑幕，有以触其尊意不满之故也。余以忠言逆于耳，仅与教育局长接谈一二句，遂忿然告辞登船赴海口。"林缵春对发现的问题，知无不言，随时将看到、听到的问题反映给对方，希望改正，从中也可以看出年轻的林缵春所具有的强烈的社会改良意识和政治意识。

关心学校教育。林缵春在读大学一年级时，曾因经济困难休学一段时间，在这段时间中他到过多所中学任教，其中也在家乡乐会县立中学担任约半年时间的校长。他管理学校的具体情况已经难以得知，不过据他自己回忆，在担任校长期间，曾对学校内的厕所卫生加强管理："忆余民廿年乐会县立中学校时，校内厕所曾为重资雇人清洁，而须时时与之争闹始肯二日清洁一次。"所以，在这次调查途中，林缵春对各处学校多有留意，如八月九日，在文昌县，"距下铎村不远，有高级小学校一所。校舍为祠堂，款式佳尚。时适值暑期，校中阒然，台椅零乱，状殊寥落。据云现有学生九十名，数年前为县属第一区声誉颇佳者，惟今因农村经济破产，就学者少，致有如斯现象耳。七时归，用早餐。八时偕黄君启程返县治。"同日，"与黄君往县立中学校参观。蒙校长郑兰生先生招待殷勤，并设榻留宿焉"。十日，"晚四时三十分，由郑校长导往文中（文昌县立中学）新校参观。该校舍距县城约二里，地势较高，广而平。据云其广袤约有一百亩。校舍之已筑成者，有教职员住室及教室八间。路旁及屋周均植有加利、相思、凤凰木等树。其树之大者高约丈余，小者亦及数尺，郁郁畅茂，景殊美丽。现初中三年生已迁入上课，将来倘能多筹经费，精密计划，其发展未可量也。是晚游览至七时始返"。十二日，"旋又往市外县立第四高级小学校参观。该校校舍湫隘，设备简陋，据云经费拮据，有不堪维持者，文昌小学虽多，而其因经费困难或办理不善，以致有名无实者，亦为数不少。重量不重质，诚教育之一危机也"。十九日，在鳌头村，"村中有初级小学一所，学生约数十人。校舍建筑壮丽，为全区之冠"。二十日在田龙村，"达田龙村，径入村初级小学校。该校系余友陈君器民长其事，校舍为旧式祠堂，陋而狭。学生约数十名，设备尚称整齐"。二十一日在东头山村，"村中有高级小学一所，名东山学校，为公立。校舍建筑壮丽，昔为有名小学，近则因经费困难，办理不善，声誉日落，大不如前"。三十一日至那大，"市内有高等小学四所，因言语之不同而各自设立；惟美国人所办之福音堂一所，则各种学生均有。可见该处人民，彼此情感，仍不相融洽"。林缵春对琼崖的中小学校教育设施和学生就学情况，喜忧参半。

关心交通港口建设。林缵春一路上或乘船，或乘车，或步行，或骑马，对交通设施的优劣、齐备，交通费用的贵贱，交通的管理等问题，无不详记。同时他也详细考察了海口、清澜、博鳌等港口，对港口设施中存在的问题多有反映，如对海口港："海口港素称不良，上落艰苦。余忆数年前，船抛锚时，风雨大作，水浪摇天，下帆船者，或由软梯（用索做成），或由笼下（笼中坐人，以索吊下），不胜股栗——以海口如此劣港，而能为现时琼崖商业之中心，徒以接近雷州半岛，便于大陆之交通。然自咸丰八年开辟商埠以来，于商务上迄无长足发展者，实因港湾不良，有以致之。近闻海口筑堤委员会，工作正紧；

然能否不蹈前数次唱高调之覆辙，实一问题也。"对清澜港的考察："清澜港位于文昌县治之东南隅，港口宽约一里，港身长约十五里，水深处三十尺，浅处十八尺，可容千吨以上之轮船十余艘；惟港口积有一二里宽之珊瑚礁，非从事开浚，则五百吨以上之轮船不能驶入。查此种礁质甚松，容易开浚，工程不大。倘能稍事开浚，则其将来发展，当不下于海口也——民国初，有文昌华侨林天嶷、黄有渊、陈昌运等组织清澜商埠有限公司，于民国元年七月立案，十月开办。其营业种类，为凿浚本港航道，购备轮船行驶，填筑本港基堤，建筑货仓房屋市场等。其完成工程者，为筑填基堤，高八英尺，纵长七百英尺，横广六百英尺，及造竣铁骨货仓二间。此外工程尚未着手，而欧战忽起，南洋各地树胶跌价，已认之股不能续收，公司因而停办，良可叹也！今业迹尚存，惟其状则毁败不堪。"对博鳌港的考察："市外有港，名曰北鳌港。港宽约三十丈，港口时因流沙而变更，船只极难出入，非深谙该港情形者，不易驾驶。平时有一二千担之船约三百艘往来其间；近则减少，仅存百余艘。港附近多滩，多积成小洲汀状。其中有一小洲汀，上搭有竹编之屋舍共约五六十间，其中除少部分为渔户住屋外，余则均为商店，专与渔人交易。其屋广约丈余，长约四五丈，高约数尺，状甚简陋。捕鱼时期，每年由三月至七月止，此时期中，各处渔船多猬集于此。五年前约有渔船数百艘，近则仅存数十艘。时期过后，所搭房屋，均拆一空，及至第二年又从新编搭。"这些考察为林缵春之后著《海南岛之产业》，提供了丰富的科研素材。

关心西沙群岛主权。清末时期，日本商人就侵入到我国东沙群岛盗采磷矿。民国时期，日本仍不断觊觎我国南海诸岛的物产。八月十三日，林缵春在琼东藻塘村（草塘村）调查，记录该村渔户到西沙群岛捕鱼的情况："全村共约二百户，其中农户七十，余均为渔户。农户中六十户为自耕农，十户为佃农——女多耕种，于耕种外，多织麻为网；男则多以渔业为副业。就全村而言，此村生活殆赖于渔。据云，渔者多往西沙群岛捕鱼，水路约行二日。捕鱼日期，由十一月至三月四个月。渔船每只容量由二千担至四千担，每只船雇用渔夫约二十余人，除捕鱼外，尚在该岛拾蚬壳，运往南洋一带卖与外国人作扣钮之用，获利尤厚。"同时也发现因地方政府征税过重，尤其是日本人侵占西沙群岛，导致渔船减少的情况："五年前，有渔船二十只，今则仅存十二只，原因在五年前船每只海关及各种捐税共银三十圆，今则加海防台炮与海关各种费合共银二百五十圆，较前多八倍而有余。昔每百圆资本，可得利四十圆，今则仅敷开支。且近年来西沙群岛已被日人霸占，中国人之来此捕鱼者，受其威迫。是以业渔者，多惧而不前，村中生活由此更为困难。"进而对中国政府只知道收税，不为渔户维权，不为国家维护主权而愤慨："中国政府之不为人民争失地，而惟增加捐税，致民绝境，此种自杀政策，宁不可叹可愤？"爱国之情，溢于言表。

关注南洋对琼崖经济影响。清末至民国时期，由于海南华侨下南洋的缘故，海南与南洋密切相关，林缵春一路上也调查南洋对海南社会经济的影响。林缵春少年时在南洋读书，父亲等亲友仍在南洋经商，因此一路上对与南洋有关的事情多有关注。八月三日林缵春在香港登船，同行船客中"某翁，年约古稀，琼州人，与谈闲话及语安南华侨情形，颇不寂寞。翁云：近年来华侨因受不景气影响及法人苛待惨状，有目不忍睹者，及言至其本身惨败归国情形，则泫然泪下。"六日逛海口，"海口近年来因南洋不景气及农村经济破产之影响，昔日繁盛之气象，已不可复见矣"，等等，诸如此类。

林缵春在田野调查的同时，还记录了自己调查行程中的细节，著录为《琼崖考察记》，以日期和行程顺序记叙，内容除了调查的重点问题农村经济外，目之所触，耳之所闻，心之所思，皆能入文。虽信手拈来，在今天看来也是一部真实丰富，全景式反映民国时期琼崖农村生活的文献，十分珍贵。海南大学人文传播学院辛世彪教授评价道：

"这是一部珍贵的田野调查笔记，是难得见到的有关30年代海南岛农村生活的真实记录。这部分内容最初发表在《琼农》月刊1935年各期，用浅文言写成，文字顺畅，显示了作者深厚的功底。作者自称随身带一本黄强将军的《五指山问黎记》，天雨无法出门时阅读，因此笔头颇有黄强情致。此书记录真实细致，显示了作者良好的学术训练。我们读此考察记，能得到有关当时地名、人物、事件、经济、社会、民风等多方面的信息，比起当时那些空疏的文人著作，不知高出多少，实在是不可多得的宝贵历史文献。"所以，从《琼崖考察记》中可以看出青年时期的林缵春内心关于国家、社会、家乡和民众等各方面的思想和情怀，《琼崖考察记》也客观上记录了林缵春一生中青春活泼、充满情怀的一段人生经历。

林缵春这次共考察了4个县52个村庄，考察踪迹分别是：

文昌县：昌锦村、昌后村、昌美村、新民村、白石头村、云楼村、嘉美村、下铎村、龙头村、边塘村、德清村、上坡村、长田尾村、南里村、陈笠村、良亩村、刚大村、福棉村、下东村、下园村、边田坡村、土苑村、地源村、胡尾村、水北村等25村。

乐会县：石头村、青塘园村、田龙村、沙坡村、双榜村、大洋村、岭头村、北山村、迈岭村、东头山村、大锡村、后昌村、南正村、龙潭村、北岸村、孟居园村等16村。

琼东县：春天村、霞坡村、大璞村、藻塘村等4村。

儋县：荣山村、东方村、宣泮村、山村、盐场村、保山村、大井村等7村。

林缵春在《琼崖考察记》中详细记载了考察的时间、地点、交通工具、住宿、同行人员等事项，客观上保留下他一生当中最为丰富、细致的一段人生经历：

八月二日，下午三时从中山大学农学院出发，与送行同学张家乐一起雇汽车赴西壕口，搭乘佛山轮，四时半开船。夜十时半抵香港，入住亚洲旅店。

三日，雨。下午三时上船，因担心台风轮船未出行，在船上滞留一晚。

四日，下午二时开船。雨停，闷热。

五日，经七洲岭、望虎岭、急水门、七星岭，下午五时抵海口，寓侨安旅店。六时，访海南书局唐三品，并与唐三品介绍的琼山县教育局长调查琼山农业。八时回旅店。

八月六日，九点往琼崖绥靖公署，见参谋长。十二时，到府城访警卫旅参谋长。晚八时，琼崖实业局技士韩宗浩来访。

七日，晚六时，旧同学黄闻百与韩宗浩技士来访。结伴游椰子园。

八日，十时二十分，黄闻百乘车来接，去文昌，向东经北冲、渡南渡江，至对岸李公井（雷公井），再经美男、三江、金敦、大致坡，入文昌境，经潭牛，至文昌县治，共计一百二十五里，时四点钟。到文昌鸡味道最佳的毓葵饭店用膳。晚六时，与黄闻百步行回其家，晚七时抵家。当夜填写了八个村的调查表。

九日，早晨与黄闻百周游邻近各村。七时早餐，八时与黄闻百回文昌县治，九时二十五分访杨县长。参观县立中学。下午二时，乘汽车往文教市，途经土宛、东阁市，四时抵达。到同丰号访黄得范，晚餐。餐后访第五区区长。

十日，拟赴清澜，因值节期无车，回县治。下午二时，访县田亩调查处陈干事。四时三十分，与郑校长参观文昌县立中学新校址。

十一日，十一时三十分，乘车赴清澜。下午一时半至，访清澜商会会长翁侠英。二时，雇船游清澜港。返文昌。

十二日，七时半，乘车由文昌往迈号，八时十分抵达。寓永寿药房。访水北村（韩宗浩家乡）。回迈号，访市民阅报社、县立第四高级小学校。十一时半，乘车经凤楼、烟墩、长坡，下午二时抵琼东县治加积，寓恒裕兴商店。访李县长不遇。四时半在店用晚餐，五时遇同学周君和旧友何君。

十三日，朝餐后，再访李县长。午后一时二十分，搭船回乐会。在南门溪头乘船，约四时三十分抵县治。步行回家乡石头村。

十四日，早餐后往县治。九时抵达县治，访夏县长。下午返回石头村。

十五日，雨，留家中。访谈父老乡亲。

十六日，雨，读书消遣。

十七日，阴，九时，偕堂兄缵海往县治。归途访青塘村。再访第二区公所办事处。

十八日，晴，调查北山、北岸、岭头、大洋、青塘园等村。

十九日，访莲塘、鳌头村等。

廿日，访沙坡村、天龙村、前头村等，回县治，寓福兴号。

廿一日，乘船往北鳌、东头山村。下午三时回县治。返家。

廿二日，在家中休息，读书消遣。

廿三日，雨，在家读书消遣。

廿四日，农历七月十五节期。

廿五日，与弟侄们放天灯。

廿六日，访白鸠村。

廿七日，访中原市，参观咖啡园。冒雨回家。

廿八日，回海口。早餐后赴县治，午后一时三十分乘船，晚六时抵嘉积，入住恒裕兴。

廿九日，十时访琼东李县长不遇。访霞坡村。

三十日，早晨六时三十分，乘车，经黄竹、蓬莱、大坡、文岭、三门坡、龙发、云龙、潭口，十一时半抵海口，仍寓侨安旅店。约韩宗浩、林猷英谈。遇黄闻百。

三十一日，八时，与农林讲习所教师苏抡秀乘车往儋县。经澄迈老城、白莲、福山、和合等，晚九时抵县治，共花费十四时半。寓县参议会，相识周文海议长。

九月一日，访彭县长。访盐场村、大井村、东方、西方等村。

二日，午后二时，返海口。晚六时抵那大，访第三区蒙区长，留宿。

三日，七时，参观万发锡矿公司。晚上参观美国人所办福音堂。

四日，六时乘车从那大返海口。午后二时抵海口。仍寓侨安旅店。

五日，早八时，琼崖实业局韩宗浩技士来访，并会见该局朱局长。

六日，凌晨五点起床，乘帆船，再换"博杜美"轮。夜九时抵广州湾。

七日，船上。

八日，夜十时返广州。

访友问故。访亲问故是林缵春调查琼崖农村的一个切入点，一到一个新地方，他就先联系或拜访当地政府和亲朋好友，然后再开展调查，从中也可见林缵春旧时的友情和人际关系。如：八月二日下午三时，从中山大学农学院出发时，有同学张家乐送行至西壕口港口，张家乐陪他闲谈约半小时始离去。三日，在香港冒雨访友，"先访友人翁君于学士台，友寓远，及到，身已尽湿，且友又上省不遇"。五日，在海口"访唐三品先生于海南书局，蒙介绍琼山县教育局长某君与谈琼山农业情形"。六日早八点，"以电话告琼崖实业局技士韩宗浩君，请来约谈"。同日九点，"往琼崖绥靖公署，谒见参谋长，告以来意，并出示校长公函"。同日十二时，"为琼崖农业研究会会务，访警卫旅参谋长于府城旅部"。从府城回海口，"访琼崖民国日报社郑社长"，同日晚八时，"韩技士来会，乃与周游海口各街道"。七日，"晚六时，旧同学黄闻百君与韩技士来访，黄君系别来两载之至友，此次适因事由文昌来海口，邂逅相逢，喜何可言；翌日得偕往文昌，沿途指导，更觉快慰！"第二日即与黄闻百一起乘车前往文昌。三十日回海口，以电话联络韩宗浩、林猷英倾谈，"晚四时忽遇黄闻百君，遂偕往用膳。五时，韩、林两君始来访。林君系阔别旧友，偶尔相逢，良用忻慰！遂相偕韩、黄两君出外散步，并独留林君同宿，以尽剪烛西窗之旧话"。十二日在琼东，"四时半在店用晚餐。五时余，遇刚回里之同学周君及旧友何君，畅谈二小时始就寝"。九月一日在那大，"晚六时赴县立中学校校长林耀棠之请，食晚餐于该校校园。林校长系本地人，余到县署时由县长之介绍，因以相识；又校长系中大学生，与余谊属同学，其邀余餐，或以此也。九时由校长派人提灯送余回寓"。每到一处，谈情叙旧，把酒言欢，相携出游，可谓畅意。

观景揽胜。从广州到海口，再从海口至文昌、琼东、乐会和儋县，调查4县52村，林缵春一路上风雨兼程，风尘仆仆，但是他也能借旅途之便，欣赏风景，驰目骋怀，如八月四日在从香港至海口的旅途中，"携伞出甲板散步，细雨霏霏，遥望水天朦胧，不胜兴感"。五日仍在船上，"海阔天空，游目骋怀，足以极胸怀之放肆也"。七日在海口，"六时余同出外散步，途经海南医院而至椰子园。椰子园为海口游乐场之一，后背海南医院，前临大海。其地广而平，中植椰子约百棵，是以名焉。朝晨薄暮，红男绿女来游者，不绝于途。挹海风之清凉，望海水之澎湃，帆船往来，落日红霞，其乐无穷也"。八月十一日在文昌清澜港，"（下午）二时许，余辞出，买舟再作清澜港之游——清澜港内有游船，专为游客游玩及往来清澜码头之用。船广约三四尺，长约丈余，上盖白帆布以遮蔽日雨而外，别无装饰。回顾广州市珠江河内之花艇，则不啻有天壤之别矣。余以八百文钱（约二角半大洋），议定游二小时而雇其船。先渡江游码头市。市场临海，屋舍简陋，铺约二十余间。市外有门临海，上书'南溟砥柱'四字。此外则惟见沿岸椰林密布，浓翠郁列，而独不见昔日果实之穰穰（去年遭飓风，树木被灾，果实均少生）。少焉，返船，放乎中流，听其所之而休憩焉。摇摇乎舟轻扬，飘飘乎风吹衣，其乐正难言喻也；忽闻船子告余曰：'码头之椰林有行十余里不须撑伞而以椰叶蔽日者，君欲尽尝此福，曷不停此数日以观？'正谈说间，忽东北大雨奔来，风大水兴，击船作澎湃声。余悚然而恐，凛乎其不可留也，乃急命回船，及至岸而风雨已微矣。乃摄衣登岸，流览良久，始返清澜乘车回文中"。旅途中每遇风景佳处，便乘机游览，颇有唐代诗人李涉"因过竹院逢僧话，偷得浮生半日闲"之情致。

闲暇读书。林缵春在调查期间，每遇到天下雨或者身体疲惫，不便外出，即在家中读书消遣，如："（八月）十六日，是日天仍雨，不能出门，闷甚；聊览黄强《五指山问黎记》以消遣。""（八月）廿二日，是日精神疲劳，暂息家中，流览各种书籍以消遣。""廿三日，朝降雨，倾盆数小时始霁——余自返家以来，一连十天，殆无日无雨，而雨降时，又多在午后，是以夜间天气特别凉快——晚四时水虽稍退，然余终日不能越雷池一步，惟寂坐家中阅书以解闷。"可见，他对闲暇时间十分珍惜，以读书作为消遣，不愿浪费一点光阴。

关注民俗风情。林缵春一路上也关注海南各地衣食住行、婚丧嫁娶等风土民情，如至文昌县，品尝文昌鸡："文昌食物，鸡最著名，尤以毓葵为最美。久闻其名，奈无机可尝；此次果不意而到，千载一时，岂可错过！于是乘腹之饥，饕餮大啖。席间，闻黄君云此鸡并非别种，乃收买土著之较肥者，善育之二三星期，杀时加以适当之烹饪，切块庞大，食时用手，调以鸡碟（碟内用鸡汤中之油质掺以姜、椒、盐、醋等而成，故名），以其温度适宜，味佳，骨软，故食之特饶美味耳。"介绍喝椰子汁的习俗："约七点钟，抵黄君家，时体疲口渴，黄君出椰子水饮之（椰子水解渴最妙，水中略加些食盐和之尤妙），顿觉畅然。"八月廿日，在乐会县品尝加积鸭："余友陈君为余备饭，杀一番鸭作餐。俗例以鸭飨客，最为尊敬。盖鸭之肉美而味香，较之鸡肉胜数十倍也。琼崖俗语：'文昌鸡，加积鸭。'加积之鸭，多来自乐会、琼东两属，而尤以乐会种为最优。万宁亦有鸭，然较劣；此外各属殆无有鸭种可言者。"他看到的海南服饰习俗："其所谓最奇怪者，即妇女所戴之笠，与所饰之耳环。据云笠之种类有三：一如客家妇女所戴者，笠缘有蓝布遮面；一形小顶尖，如 △ 形者；一形大而广如 ⌒ 者。其三种中，尤以形小而顶尖者为最奇怪，戴时笠仅贴发，系以小绳。至于耳环则共有二种：一如 S 形者而长，约及肩膊，用铜制，汉时汉人至此，因见其状，遂名其地为儋耳，传说如斯，或亦可信；一如海口妇女之所戴者，但不如前者好看。已嫁女子，戴前一种，未嫁女子，戴后一种；若夫死而寡者，则三年内不戴耳环。界限分清，绝无混乱。是以一见其所戴耳环，遂知其有无丈夫。近来政府拟定女界制服，以分嫁否，终因各种关系而不能成，以视儋县妇女界限之分清，不亦愧乎？"他看到的儋县婚姻习俗："据云儋县之与乐会所特异者，即该县男子多懒怠，所有室外室内工作均委之女子。是以于经济地位上，女子较男子为优胜，其权限甚似母系家族时代之现象。风俗方面，有所谓夜游者，即妇人女子夜间集会于野外或室内，以唱山歌或与男子互唱取乐。此种风俗，尤以第七、八区为最盛，是以因此而时有争艳、私逃、野合等事发生，法庭方面诉讼不绝。女子有未满廿岁而离婚三四次者，离婚动机，多为女子主动，每离必去，男子贫苦者受亏甚大。"他在儋县看到的卫生情况："（九月）二日，早五时许，忽觉腹痛，欲便；急问羊书记以便所。书记指西北百余步处以对。余急循径而往，至则厕所积粪腾臭不可向迩。因忆彭县长谓该地人民不利用人粪尿，弃之于地，任猪犬舐食，并非诳言。县城外有旷野，为随处大便之所。该县曾为此而筹设厕所者数次；但屡因无人肯负清洁之责，虽出高价亦无应者。此种情形，非仅儋县一县为然。而东路一带亦莫不如此。"十里不同风，百里不同俗，诸如此类，皆能关心。

　　旅途收获。除了学术上的收获外，林缵春还在旅途中学习到许多人生的道理，如在儋县自己人生中第一次尝试骑马的微妙心理，先是恐惧拒绝："彼（镇长）先导余雇马下村，余以向未骑马，有难色，因问其所往何村，村距此多少里。彼则答以县北附近村落，距此仅五六里路。余以路既近，无须骑马。且余向未骑马，恐生意外，因止彼勿雇马。"拒绝不成，迫不得已，只好挑选看起来比较温驯的马匹："彼则谓路虽近，但颇湿，非骑马不能行，且马小可勿惊。余无奈，遂共雇二马。马小而体弱，余择其较善者，着马夫牵好助余骑。"骑上马之后，遇到骑术问题赶快向镇长请教："既上马身，股颇不稳，摇摇欲坠，余惊，急询其所以稳定法，彼以用两腿紧夹马身对。马夫与余竹鞭一，余不取，因余一手执马缰，一手按马背，惴惴然犹自顾不遑，尚有何手执马鞭以鞭马？旋出北门向北行，未及半里，觉身稍舒服。"慢慢走上一段，掌握骑术之后又开始总结心得："予素未识骑马，今竟骑矣，世上一技一艺，岂可不习哉？习而能及时应用，人生最快乐之事也。"熟悉骑术之后，紧绷的心情放松，开始欣赏沿途的山水风景："马沿田行，田禾绿秀，令人神驰……"一边与镇长交流骑术，羡慕对方骑术之精湛："时日挂西山，镇长驰马，以示其善骑，正得意时，遂与余马上谈骑术，自夸其善骑。余甚慕之。"进而启发了自己的人生理想："因思纵能如古之方山子从两骑，挟二矢，游西山，鹊起于前，突马出一发而得之，因以论用兵及古今成败，亦人生之快也。马不难骑，胆大而小心则可。天下无难事，惧难而畏缩，无有不失败者。斯由骑马区区一事征之，可知矣。"短短的一段文字，既有庄子《庖丁解牛》、欧阳修《卖油翁》之哲理，也蕴含宋人理学"格物致知"之意趣。

旅途见闻。林缵春对旅途中的奇闻异事均有记载，如从广州出发时，遇见一位青年自杀："四时半锣鸣，船启碇，于是久恋之广州，逐渐不见。船行后不久，忽闻人声大噪。缘因一年约廿余岁之青年，欲投水自杀。该青年身材短小，身携一包袋外，别无所有。察其自杀动机因经济压迫所致。然中国人之因此而自杀者多，斯何足怪！"小事微情，皆能关怀。

学习地方方言。林缵春拥有较好的日文、英文基础，应该是在马来西亚读书时学习的，在大学期间即已翻译大量日文著述，表现出超人的外文水平。他在琼崖考察时也随时学习方言，如九月一日在儋县，吃过晚饭，"九时，由校长派人提灯送余回寓。时尚早，余不能睡，因就县参议羊书记教余本地话。历时约十分钟，余仅识下列数句：食饭（狭凡），睡觉（薄迈昂），起身（克顿），你去那里（奶可天罗），你做甚么（奶做记爱懂）"，从中可见其少年时学习语言的情景。

虽然林缵春是农学专业出身，但是从《琼崖考察记》中可以看出他具有较高的人文素养。《琼崖考察记》文字简练古朴，行文流畅，文章中引经据典，旁征博引，知识十分丰富，直接引用的典故很多，比如引用宋代贬谪崖州的宰相卢多逊诗："珠崖风景水南村，山下人家林下门；鹦鹉巢时椰结子，鹧鸪啼处竹生孙。鱼盐家给无墟市，禾黍年登有酒樽。远客杖藜来往熟，却疑身世在桃源。"还引用唐代诗人贺知章诗："少小离家老大回，乡音无改鬓毛衰。"引用陶渊明的《归去来兮辞》，苏轼《方山子传》，柳宗元的《捕蛇者说》《钴姆潭西小丘记》，引用李白的"千里江陵一日还"，也提到杜甫，国外的托尔斯泰，等等，另外文中隐约可见庄子、欧阳修等名人大家思想和文风的影子，他也读民国时期黄强的《五指山问黎记》，可见他勤于阅读，涉猎广泛。

三、骄人的学术研究成果

林缵春在中山大学农学院读书期间，通过田野调查研究海南农业农村问题，又利用自己懂英文和日文的优势，翻译国外成果，学术成果十分丰硕。归纳起来，林缵春在校期间的学术成果可以分为研究论文、翻译和学术著作三个方面，其中专著1部，论文27篇，翻译9篇，在大学短暂的4年内就著述如此多的学术成果，成绩十分惊人，可见其读书用功之殷。

（一）研究论文方面

林缵春在中山大学农学院就读期间发表的论文，主要发表在"琼崖农业研究会"自己所办的刊物《琼农》月刊，以及中山大学农学院的院刊《农声月刊》（创刊于 1928 年）上。在中山大学农学院院刊《农声月刊》上发表的论文有：

1.《珈琲》，《农声月刊》第一六〇期（民国二十一年十二月三十日，1932 年）页四七～五三；

2.《救济今日中国农村经济的方针》，《农声月刊》第一六一期（民国二十二年一月三十日，1933 年）页一～一三；

3.《椰子在琼崖特产作物中之位置及其栽植法》，《农声月刊》第一六二期（民国二十二年二月二十八日，1933 年）页五一～五六；

4.《救济广东经济应以农产品工业化为前提》，《农声月刊》第一六五期（民国二十二年五月三十日，1933 年）页三二～三九；

5.《农村经济复兴及青年的使命》，《农声月刊》第一六九期（民国二十二年九月三十日，1933 年）页一二～一五；

6.《粤丝救济之目前急策》，《农声月刊》第一六九期（民国二十二年九月三十日，1933 年）页一六～二〇；

7.《中国农村妇女问题》，《农声月刊》第一七二期（民国二十二年十二月三十日，1933 年）页二九～三八；

8.《复兴农村经济与改革土地制度》，《农声月刊》第一七六～一七七期合刊（民国二十三年五月三十日，1934 年）页一一～三二；

9.《琼崖农林实业及教育行政之实施状况》，《农声月刊》第一八一～一八二期合刊（民国二十四年二月二十八日，1935 年）页一～一〇（各篇自标页数）。

在"琼崖农业研究会"主办的会刊《琼农》月刊上发表的论文有：

1.《琼患何止于黎》，《琼农》月刊创刊号（民国二十三年三月一日）页三～七；

2.《琼崖农村经济崩溃中一小农村的实况》,《琼农》月刊创刊号(民国二十三年三月一日)页一五~二〇(待续),第二期(民国二十三年四月一日)页二七~二九(完);

3.《今日之琼崖》,《琼农》月刊第二期(民国二十三年四月一日)页一~三;

4.《土地归公》,《琼农》月刊第三期(民国二十三年五月一日)页一~二(刊头);

5.《椰子造园法》,《琼农》月刊第三期(民国二十三年五月一日)页一一~一八;

6.《大闹饥荒》,《琼农》月刊第四期(民国二十三年六月一日)页一~二;

7.《琼崖存亡问题》,《琼农》月刊第五期(民国二十三年七月一日)页一~二(刊头);

8.《自力复兴》,《琼农》月刊第六期(民国二十三年八月一日)页一~二(刊头);

9.《琼崖考察经过》,《琼农》月刊第七~八期合刊(民国二十三年十月一日)页二~五。(同时也刊载在《农声月刊》第一七九~一八〇期合刊(民国二十三年十二月三十日)页一〇〇~一〇三);

10.《化黎问题》,《琼农》月刊第九期(民国二十三年十一月一日)页一~二(刊头)附:琼崖地势及考察点略图;

11.《生产与推销》,《琼农》月刊第十期(民国二十三年十二月一日)页一~二(刊头);

12.《琼崖考察记》,《琼农》月刊第九期(民国二十三年十一月一日)页二五~二七(一),第十期(民国二十三年十二月一日)页二七~三〇(二),第一一期(民国二十四年一月一日)页二二~三〇(三),第一二期(民国二十四年二月一日)页二四~二六(四),第一三~一四期合刊(民国二十四年四月一日)页二四~二六(五),第一七期（民国二十四年七月一日）页六～二〇（六），第一八期（民国二十四年八月一日）页一九～二二（完）；

13.《开发琼崖与农业教育》，《琼农》月刊第一一期（民国二十四年一月一日）页一～三；

14.《琼崖几种作物在中国的重要性》，《琼农》月刊第一五～一六期合刊（民国二十四年六月一日）页一～二；

15.《农业推广在中国的重要性及其状况》，《琼农》月刊第一七期（民国二十四年七月一日）页一～二；

16.《农业副业》，《琼农》月刊第一九期（民国二十四年九月一日）页一～五；

17.《写在卷首》，《琼农》月刊第二〇～二一期合刊（民国二十四年十一月一日）页一～二。

在其他刊物上发表的论文有：

《广东食粮问题》，《三民主义月刊》第四卷第六期（民国二十三年十二月十五日）页八六～一〇六（未完），第五卷第一期（民国二十四年一月十五日）页九六～一〇八（续完）。

从林缵春的学术研究成果来看，所涉猎到的农业问题十分广泛，涉及珈琲、椰子等经济作物种植，同时也涉及农村妇女、农村教育、农村土地、农村副业、灾荒救济、粮食安全等多方面的问题。除了农业问题外，还涉及海南黎族问题、海南国防安全问题等，研究的问题十分广泛。从地域上看，林缵春除了研究琼崖地区外，还关注到广东甚至全国性的农村问题。

（二）翻译成果方面

林缵春懂得日文和英文，在校期间翻译了许多以日文发表的研究成果，这些成果大多刊登在中山大学农学院的院刊《农声月刊》上，少数发表在国内其他刊物上，比如：

1.《中国的农家经济及负债》（田中忠夫著），《农声月刊》第一六〇期（民国二十一年十二月三十日）页二二～二八；

2.《胡瓜与茄子之露地早熟栽培》（须田文藏著），《农声月刊》第一六三期（民国二十二年三月三十日）页二二～三〇；

3.《蕃茄栽培之实际》（冈田千代松著），《农声月刊》第一六四期（民国二十二年四月三十日）页六九～七四；

4.《德国农村妇女问题》（美先加尔著），《农声月刊》第一六六～一六七期合刊（民国二十二年七月三十日）页三五～四一；

5.《关于农村经济复兴计划之考察》（那须皓著），《农声月刊》第一六九期（民国二十二年九月三十日）页三六～五四；

6.《满洲农业之收利力与我农业移民》（锦织英夫著），《农声月刊》第一七二期（民国二十二年十二月三十日）页一〇四～一一七；

7.《希腊国的土地改革》（田边胜正著），《农声月刊》第一七五期（民国二十三年三月三十日）页三九～四九；

8.《公定米价论》（荷见安著），江苏（镇江）《农村经济》（月刊）第一卷第十期（民国二十三年八月一日）页四七～五〇；

9.《蚕丝恐慌底对策》（门前弘多著），《农声月刊》第一八四～一八五期合刊（民国二十四年五月三十日）页一～一四（各篇自标页数）。

林缵春翻译的成果涉及外国人对中国农村农业的研究，也涉及外国的土地、农村、农业问题，还涉及胡瓜、茄子、番茄等作物栽培技术问题，研究内容十分广泛，翻译过来以供国人参考学习。

（三）《琼崖农村》的主要思想及评价

《琼崖农村》是林缵春在对海南文昌、乐会、琼东、儋县 4 县 52 村实地调查报告基础上形成的毕业论文，1935 年由"国立中山大学琼崖农业研究会发行，"也是林缵春有生以来的第一部著作。该书分上、下篇，上篇为总论《琼崖农村经济研究》，涉及土地分配、农业经营、农民阶级、租佃关系和剥削作用等；下篇为《琼崖考察记》和附录等。林缵春在文中运用了当时流行的社会阶层和阶级分析方法，结合琼崖农村实际，分析琼崖农村经济发展中的现状、存在问题、症结和解决方法，理论与实际相结合，并对国内外农村进行比较，数据详实，逻辑清晰，分析透彻，对琼崖农村的认识十分客观，研究结论对琼崖农村经济发展具有现实的指导意义。比如：

土地分配问题。林缵春经过对琼崖文昌、乐会、琼东和儋县等4县52村的调查结果分析认为，琼崖农村与国内其他地区土地占有不均有着明显的不同。海南农民占有农田数额差别不大，基本上全是贫农："占有农田66亩以上的，仅文昌县云楼村1户，占有10亩以下3、4亩左右的，最普通。乐会县石头村28户农家所有农田亩数底的分配，10亩以上的只3户，3.33亩的为数最多。"所以海南佃农数量少，自耕农数量最多。在民国初期社会动荡的环境下，土地向地主、商人、军阀手里集中的情况也较少，海南农村的症结在于荒地得不到利用，"与其说琼崖土地分配不均而趋向集中，毋宁说土地被利用的很少。即农民不能尽量去利用其广大可耕的农地，以致大家同处于土地缺乏的苦境来得显著"。琼崖不是一个土地贫瘠的地区，又处于热带，农作物生产资源比较丰富，可耕地很多，为什么农民宁可忍受贫穷而不愿意耕种荒地？林缵春带着问题追问，发现主要是因为社会环境动乱："民国十八年以还，琼山、文昌、定安、琼东、乐会、万宁、陵水、澄迈等县，屡因扰乱的影响，不消说，从前地主的田地不是被人瓜分去，便是自己相互破坏，即是稍有资产的人，对这事实，也是谈虎色变，没有人敢冒险去购买这有危险性的田地。"结果造成大量耕地抛荒。

农业经营方面。林缵春认为，琼崖农民平均占有土地面积很少，因此地主与佃农之间的经营方式不占主导地位："琼崖农民殆全是贫农，其使用耕地面积，也殆全是狭小的——所以这里可以无须像其他的区域类别之为富农、中农、贫农等去研究，更无须统计出地主或富农所有地中出租的亩数去研究。农村生产关系中耕地底（的）占有和使用比较的来得平均，经营面积则特别地来得狭小，这便是琼崖农村经济的特征。"缺少土地的农民也很少去租佃他人土地，因为占有土地多的家庭也很少。无地和地少的农民一般去租佃家族中的"族田"（或称"祖尝田""太公田"）："农民耕地较少的，除了租耕祖尝田外，很少租耕其他的农田，这原因并非因为祖尝田的田租比较其他农田的来得便宜（些少便宜），或是祖尝田为数较多；因为是想租也租不来，大家都是陷于缺乏耕地的苦境。"于是，家庭中多余的劳动力就被迫出外或下南洋谋生，田地就由剩下的妇女、老幼耕种："这种情况，在交通较为发达的地方，如文昌、琼山、定安、琼东、乐会、万宁等县的农民，迫得竟向暹罗、安南、南洋群岛等处去谋生；所留下来的小小耕地，就由他们的妻室、幼稚的小孩子和殆属废疾的祖父母去操作。他们是村中的壮丁，家属中最优秀的劳力者，不过为着取得货币去维持全家的生活计，不得不如此。据四县五十二村的调查，除儋县七村外，其余文昌二十五村，乐会十六村，琼东四村，都有农民出洋做工。因此，女性参加田间的工作，占着重要的位置。"

农民阶级问题。林缵春认为，琼崖农村的租佃关系很少，即使存在也多是男子下南洋打工，家中无人耕种所致："至于雇佣关系，可以说是微乎其微。虽然有极少数的农家确是因为农田过多而雇工经营；但是因其壮丁出洋佣工，缺乏人耕作而雇工的，确为最多数；此外，如果要在农村中找出那佃农或自耕农像内地那样租人农地雇工经营的，可说是简直没有了。"与全国其他地方相比，雇农所占比例很小："据四县五十二村的调查，4030 农户总数中雇农有 73 户，占总户数 1.81%。这数较之广东番禺 69 村 20810 农户总数中雇农有 2204 户，占总户数 10.6%，实相差甚远；即较之雇农人数最少的省份如福建，人口数 18700 人中雇农有 1090 人，占总人数 5.83%，亦相差不少。"富农所占比例也很少："至于富农，则其数量据调查所得，四县五十二村 4030 农户中，雇用长工的仅有 68 户，占全数 1.7%。这很微小的数量，不消说，单就其每户所雇用的数量最多不过二人，和普通耕种五亩至十亩左右的就多有雇用长工的情形看来，已足断定其为非属于富农。即如上面所说，他们所有的田地，殆全是因为出洋的人数太多，自己不能耕作，不得已出于这雇工的法子，更足知其底蕴。"所以，琼崖农村的地主与农民阶级分化不明显。

租佃关系。林缵春认为，虽然在琼崖农村只有少数佃租关系，但是，因为也有少数农民缺乏土地，被迫租用族田，也常使他们只得屈伏于高额租田之下，遭到剥削和压迫。"据四县五十二村的调查，定额租收货币底（的）租额（太公田），在文昌、乐会为最多，其平均占产量底（的）百分率为40%，琼东为最低，只30%，而总平均则为36.6%。"这种租佃也只是维持家庭生活，却有可能导致这些农民降为雇农、苦力、流氓和乞丐等。

剥削关系。林缵春调查发现，琼崖农村农民负债率较高。据对四县五十二村的调查，文昌2153农户中负债者有1654户，占总户数76.8%；乐会最少，1200农户中亦有604户，占总户数50%以上；总计四县五十二村4030农户中负债者2651户，占总户数65.8%。负债的原因是遭到高利贷、商业资本和帝国主义入侵的剥削："商业资本狂风暴雨般地摧残了旧有的家庭手工业（东路一带，如文昌、定安、琼东、乐会等县，家庭手工业经已绝迹；西路一带，如儋县、临高、澄迈等县，则多少仍在这狂风暴雨中撑持着。家庭手工业是琼崖农村唯一的副业，如今被外业品打败了，正是农民最痛苦的事情），互相勾结地来加重农民的剥削，直至今日，可谓至于极度了。""目下琼崖农村经济的破产，其症结所在，并非全由于受了南洋不景气的影响，其最大的，是由于商业高利贷资本和帝国主义资本一气地来加重农民的剥削。在民国六年至民国十六年间，此种剥削作用，已极猖獗了。"

林缵春在最后给出了解决琼崖农村困境的方法："要图救济琼崖的农村，非先消灭这等因素不可，尤其是非先消灭封建势力，即地主、商人、高利贷者、官僚、军阀、豪绅等等的摧残作用不可。因为这两种摧残作用，如果不能同时消灭，便想急速地挽救或建设农村，是无异于操豚蹄祝满车，可谓殊无多大的希望。"其次，琼崖农村的发展不在于土地占有不均，而在于农业经营："它绝少大地主，它的土地问题，不在于分配问题，而在于经营及整理问题。即如何能使农民尽量地去利用荒地，以及其经营和整理的方法？救济或建设琼崖农村，如上所述，除消灭封建势力和帝国主义侵略的摧残作用外，同时要建设及发展的：（一）力行移民，（二）实行合作，（三）发展农业教育，（四）开发交通等等。"

国立中山大学农学院的老师对林缵春的报告予以了很高的评价，黄枯桐在序言中曰："广东的海南岛，简称为琼崖，这个形势险要物产丰富的地方，因为是处在极南的一个边疆，国人大多数都不很注意，或竟把它忘掉了。琼崖的农村机构，颇为复杂，一面保持着腐旧的因子，一面又渗透有新进的势力，于是皮相观察者，不免以主观的见解，速下不正确的结论，这在琼崖的改革上是很有妨碍的呢。本来农村问题的探讨，不是一桩容易的事体，但凭臆断，纯恃主观，决不能觅得症结所在，诊断它的病症；所以观察、调查、分析、研究等的工作，实属重要，而此亦属烦难的事体，许多人不愿意或没能力去干的了。林君缵春在大热的天气和短少的时间这样条件之下，实行调查的工作，可谓难能可贵，并且能够把所得资料，很小心的加以分析，作成《琼崖农村》这本有价值的小册子，使大家看了，能够明了琼崖农村的机构是怎么样，由此又可以导引出改进上的方针及途径来。那么，林君此作，可说是既经耕耘便得收获，不致白费气力的了！"

张农教授也在序言中评价曰："中国农业学术界的著作，关于社会科学者不多，关于农村经济者尤少，深入农村，实地调查，根据调查结果，研究探讨者，更属罕觏。其故安在？盖中国之农村，内容复杂，问题繁颐，扼于调查，无从研讨，尤以目前之农村为甚也。我国农村疲敝，社会不安，识者莫不视农村为我国立国之根基，农民为我国人口之命脉；故为国家前途计，非先事救济农村，繁荣农村不为功，尤非先事农村调查，分析清楚，不能有所根据。是则农村调查，实为目前当急之务。然我国幅员广大，调查匪易，内地诸省，基于人民习惯，及地势交通之便，较易着手，但实际调查者，尚乏其人；而况远隔数千里外，水土恶劣，蛇蝎蟠据，孤悬南海之琼崖，农村调查，更有难于此者哉？余友林君缵春，不畏艰苦，深入琼崖，实地调查四县五十二村之农业经济状况，即以所得，著成卷帙。研究湛深，议论精当，插图十余幅，统计二十余表，附录《调查之范围及方法》《琼崖农村经济崩溃中一小农村的实况》等，计上下两篇，都凡十万言。叙述琼崖底蕴，一目了然。足供治琼当局计划设施之借镜，研究琼崖农村经济问题者之参考，诚不可多得之杰作。"

进入 21 世纪，再回头来看这部著作，仍然令人钦仰。海南大学人文传播学院辛世彪教授评价道："《琼崖农村》是林缵春的本科毕业论文，其写作质量远超现在的很多硕士论文，其历史价值远超现在的很多博士论文。此书据说在当时荣获金质奖章，实在是实至名归，说明评奖的人是真学者，把奖颁给真正的好作品。海南大学历史上曾经有这样一位出色的人物，这是海大的光荣。他的求真精神，对于现在的海大师生来说，具有无可替代的示范作用。"

海南师范大学张兴吉教授评价道："《琼崖农村》分《琼崖农村经济研究》与《琼崖考察记》两篇，并配插图和各类统计表。在上篇中，他主要针对海南岛的农业经济做了宏观的描绘，主要对土地分配、农业经营、农民阶级、租佃关系、剥削作用展开了综合的分析。其中他在翔实调查后对于海南农村中封建租佃关系下，过重的地租以及民国时期海南过分的苛捐杂税的封建剥削的分析，可以使我们更深入地了解民国时期海南的农村情况，也为我们解读民国时期海南的农民运动提供了真实的角度。在下篇中，其调查的范围扩大了，不仅调查农业经济，而且也对海南城镇的发展给予了关注，例如他对于文昌县各墟市店铺数量与市镇店铺租金的调查，已经超越了一般的农业、农村调查的范围，更具有社会史、经济史上的意义。同时，在实地调查中，他还注意到了一个问题，即民国时期政府组织的各类调查数据多不可靠，是出于各级书吏随意填写之后形成的文书记录，多不可信。此书的下篇，还是调查散记，不仅有数据可资今天的研究者使用——而其文中对各地的风俗、文化的介绍，还可以丰富我们之于民国时期海南的知识，同时，也可以做海南岛的游记来阅读。"评价可谓十分中肯。

林缵春《琼崖农村》出版后，影响很大，1940 年台北野田书房出版了《海南岛农村经济论》，该书基本上是编译中文资料而成，《琼崖农村》是其主要摘译的资料之一。

四、忱念家乡的情怀

1934 年（民国二十三年）暑期，林缵春回到家乡调查农村情况。林缵春这次回琼崖进行农村调查，距上次离家求学已达三年之久，久别重逢，游子归家的心情十分激动："余家距县治仅五里，时金乌尚高，遂不往县治而直回家。行行重行行，未及家门，已见三数孩童，跳跃叫喊，欣然欢迎。陶渊明之赋《归去来兮辞》，归者之景象即如斯耶？"此情此景，与陶渊明诗词中的景象何其相似。但是自己的乡音却变了，"然将及三载未归之余，乡音觉改变多矣。屋之因去年飓风吹塌，未修葺者有之；修葺后新旧墙围显然分别者有之；树之昔为亭亭玉立者，今则不复见矣。唐贺知章诗云：'少小离家老大回，乡音无改鬓毛衰。'所谓乡音无改者，岂非欺人语乎？"自己才离家三年乡音就已发生改变，贺知章说的"乡音无改"真是不可信耶！

在乐会家乡居留调查期间，林缵春住在石头村的家里，白天走村访户调查，晚上还要帮助弟侄们温习功课："晚餐后，令弟辈们温习日读功课（时乡下秋季已开课），并口述浅近语，使之笔记。诸弟中，大者十二三岁，小者七八岁，其所笔记多不讹；惜所最易错误者，为'个''的'二字，琼音两字同音，读如'皆'，谅因教者解释不透彻，致有此种毛病耳。"长幼聚集在灯下，你问我答，欢声笑语，十分温馨。在调查途中，有时有堂兄的陪伴，有时父老登门来访，"时村中父老（外村人亦来）有来坐谈者，每以区中办事糊涂、黑暗告"，希望他能够向上反映解决。他在处理这些事情的同时也享受着浓郁的亲情乡情。

在石头村停留时间越久，童年记忆中美好的故乡却让他感觉越来越陌生，越来越忧心。中华民国时期，社会变化的速度和社会矛盾的尖锐程度已经超过了人们的想象，剧烈的社会动荡也摇动着千百年来传统农村的根基。林缵春发现，刚刚离开数年的家乡已经陷入崩溃的境地，这个曾经美好的乡村正处于风雨飘摇之中，到了崩溃的边缘："横在我们眼前的是萧条疲敝的农村，钻进我们耳鼓的是农民苦叫的喊声。由此，农村复兴的声浪，农民救济的叫喊，就随着客观的现象而直达云霄！"故乡的凋敝让他忧心如焚，对家乡的挚爱和责任让他充满焦虑、难以释怀，在完成《琼崖农村》《琼崖考察记》的间隙，以自己出生的石头村作为案例，愤然疾书，写成《琼崖农村经济崩溃中一小农村的实况》，为挽救衰退中的琼崖农村疾呼："这一篇稿子，是用客观的事实，描写琼崖农村经济崩溃中一个小农村的实况的。虽然这一个小小的农村，不能够代表整个琼崖的农村，但这是一个外表是外国式的形式化，内质是中国式的封建制而又具有琼崖农村各种特色的农村，故可为我们研究中一个好好的'模特儿'。"

他在该篇文章的绪言中呼吁政府和社会各界重视琼崖农村的问题：首先，要深入基层、重视实践。"固然，理论是紧要，但是仅靠理论，离开事实而侈谈复兴农村，救济农民，这是易流为形而上的玄学；所以农村问题的解决，不是一两个政治家坐在'象牙之塔'中的意志可以解决的。"其次，要重视琼崖。"远处天南的琼崖，茕然孤悬在大海的中心，因为路途的跋涉，向来是许多人却步不前的地方——因之，它那蕴藏的丰富，气候的适宜，农、矿、渔、盐的饶衍，以及它近来农村经济总崩溃的情态，就很少有人注意了。但是，现在的琼崖，不但在地理上是中国极南的扼要地点，而且在经济上也是中国蕴藏最富，特产热带作物的唯一岛屿。今日我们断不能如昔日之'以为无足烦其一日之虑者'那样观念去看待它了；所以对于它那百分之九十以上的农民的生活，和全为农业经济所支配的农村，不能不加以深切的探讨和研究！"在最后，他又发自肺腑地深情呼喊："这是一个过去可以使人羡慕，现在可以使人嗟悼的农村呵！也是值得细心去分析的农村呵！"林缵春似乎在仰天长叹，也似乎在恳求："这一个小小的农村，竟引起我写了六千余字。它崩溃的速，好似'水流春梦'，它崩溃的甚，好似江西灾区，作者恨不能尽致淋漓地将它这一场惨剧，如李白、杜甫、托尔斯泰等，以之为诗歌为小说，令读者之痛哭流涕哩！这村崩溃的原因，本是很多，但其中最大的原因，莫如乡团。乡团是村民的保卫者，是村民饲养的。狗有时出于不得已而噬主人，过后犹且摇尾表示懊悔，团董团兵竟杀人不眨眼，奸人不稍愧，真是人不如畜矣！这村的崩溃，正在继续者，□□的为患并未稍减，贪吏的摧残日见其炽，苛捐杂税，旱灾水灾亦在加甚，这样，这村的命运可想而知了。虽然一村之灭，本不足惜，但是星星之火，足以燎原，今日全琼的农村几乎都是如此，愿当局者加以注意吧！"文中似见其捶胸顿足，仰天呐喊之状。

林缵春经过调查分析，在《琼崖农村经济崩溃中一小农村的实况》中详细罗列了摧毁农村、导致农村崩溃的因素：第一，□□之蹂躏（注：引用《琼崖农村》海南出版社2016年版，版本如此，以下同）。第二，贪吏的摧残。"贪吏的层层剥削，更属惨烈。民国以来，要找一洁身自好，奉公守法的官吏，真是有如'凤毛麟角'。这村所受贪吏的剥削、摧残，竟有甚于□□者。记得民国十六年，乡团和县兵藉词来村清乡者，凡十余次。每次来时必在凌晨，且必于未入村前先行放枪叫嚣，使一般无辜村民从梦中惊醒，狼狈奔走（走者则指为□□，这胆小如鼠的村民，哪有闻枪声而不走者，故堕其计矣）；然后乘机焚掠强奸，掳人拉牛。计第一次清乡，全村损失：财产失数千元，牛被拉去数只，屋焚了两间，女子被奸者数人，男子被逮者十余人。其被逮之男子，每人必被指为□□，监禁一月或半载。有钱者要五百元取赎，无钱者要百元。这款子都是县长和团董的分肥东西。其他第二、第三、第四次清乡，亦无不横行乱抢，如饿虎之争食。不消说，全村的财产已是好像大水洗去般空了。噫！□□和县兵乡团两者，为害孰甚？孰甚？"

第三，苛捐杂税的榨取。"民国以来，岁无宁日。苛捐杂税的繁重，也可说是因此而生的。关于正式的田赋，这村与邻村是较他处为轻；但是那花名的捐税，就比较他处多了。□□乱后办乡团，第一次买枪支，每家富者要出三十元，贫者十元。第二次买枪支，富者出十元，贫者数元。团费分甲、乙、丙、丁数等，甲等每家每月出一元，乙等八角，丙等六角，以下照此类推。现在团费已改名为警卫队费，每月仍照数征收，且现在又有区公所费，也分甲、乙、丙数等征收，甲等每家每月四角半，乙等四角，丙等三角半，以下亦照此类推。查村中负担甲等月费（因团费与区公所费按月征收故名）者无一家，乙等者约有十余家，丙等者最多，丁等者次之。此外，还有所谓的后备队费及婚姻费。后备队费是近来加设的，亦是分甲乙丙等级征收，但不按月。费额与警卫队费差不多。婚姻费是补助县中学的经费，已实行了十余年。分再醮和定婚两种办法。再醮又按年龄的多少分为数种。娶再醮妇廿岁至廿五岁的十元，廿五岁至三十五岁的七元。定婚费每名二元六角。近日又因区公所之设，经费的维持也由婚姻费中附加，按再醮定婚而定数元几角不等。被□□乡团蹂躏后的这村，不消说，这种繁重的月费已是不能缴纳了，还有什么余力来缴纳这笔婚姻费而娶老婆呢？所以，村中因拖欠月费而被禁监或挨打的，大不乏人，记得村中某家因积欠了仅二月的月费，就被送到县里去。后来这人不但身受重伤，而且还多枉费了数十元始能回家。'无饭食还可以，月费若拖欠，还了得？'这是村中一般农民互相戒惧的说话呵！"第四，灾害的环攻。第五，南洋经济恐慌的影响。"以人数言，过去村中出洋的男子约有一百五十余人，现在则只有六十四人；以付回的金钱言，过去村中每年约有万元汇回，现在只有二千余元了。一方面失业归来的逐渐增加，一方面外资汇回的日见减少。在这田地缺乏而又遭灾祸连绵侵袭的农村，他们虽有余力亦无地可耕，许多重捐又无力担负，生又要食，生又难死，究将如何？"

不仅如此，石头村还正面临着新的危机：第一，农家经济的破产。石头村每户家庭占地十亩以上者仅占四家，十亩以下的农家竟占十分之八点六。除了衣食住行、婚丧嫁娶以及苛捐杂税等开支，"每年每家不敷一百零五元，几占总收入之全数，这样大的差异，不消说，农家的生活，是不能维持了！虽然，在现况之下，南洋汇回的钱平均每家每年还有五十余元，以资弥补不足；但是依此扣除，不足尚有五十五元。这样，农家的生活，仍然不能维持，是很明白的了。况且现在南洋胶锡跌价，在外谋生的只有五十户，全村八十九户中，还有三十九户是受不着这种补充的，那么，他们究竟怎样能够维持呢？村民生活之前途，真不堪设想了。噫！哀哀村民，其何以度此岁月？"第二，人口的减少。"计全村户数，未崩溃前有九十余户，人口有五百余人；现在只有八十九户，人口四百余人。溯自灾祸迄今，屈指不及六载，而全村户数则减少十余户，人口减少百余人；若果如此全村陷入崩溃到不可收拾的状况，而不加以挽救，则不消十载恐怕全村将陷入杂草丛生，杳无人烟的状态了！"第三，农田的荒芜和集中。"军匪蹂躏后的农村，发生田地的荒芜和集中，是人们意料中事。这村的农田，本来只有四百余亩耕作于九十余户，每户平均只有四亩，已经是不足维持他们每家五人最低限度的生活；现在又因家散人亡或死于军匪之下而遗下的，或不能耕种的，约有三十多亩荒芜的田畴，因取赎被掳者或生计困难而典卖于外村，或村中的约有百余集中于富者。田地的缺乏愈甚，农民的生活亦愈形穷窘，他们的生活，不消说是不能维持其最低限度了！"第四，教育的不振。"在现在，这间学校已被焚成焦土了，村中的人民亦穷窘到不能生活了，在这军匪蹂躏连绵数年之下曾经停办了数次的村中学校，现在怎能够开办呢？可是热心教育的村民，他们虽受着这种的摧残、困苦，仍是暂时借村中冯姓的祠堂来开办，对于这零星菜色的二十余个小学生，并不加一点的消极和灰心！"林缵春在 1935 年完成该文，此时年纪在 26—27 岁之间，其忧乡忧民之情，撕心裂肺之声，如现眼前，可敬可叹。

第三章

身在广州，心系海南

1935 年 7 月，林缵春从国立中山大学农学院本科毕业后，留校任助教，一年后兼讲师，时年 27 岁。但是，安静的校园很快被日本全面侵华战争所打乱，林缵春被迫随着国立中山大学躲避战乱，先后至云南、广东连江等地，四处奔波，颠沛流离，但是他在战乱中仍坚持教学和学术研究，并且许多研究成果与家乡海南有关系。在此期间，他还担任广东省建设厅合作事业管理处技正兼课长、广东省连县合作实验区主任、广东省琼山县合作示范区主任等职，积极参与社会实践和管理等事务。

一、留在中山大学农学院任教

1935 年 7 月，林缵春因在国立中山大学农学院读书期间表现优异，毕业后留在本校任教。从 1926 年至 1935 年的十年间，国立中山大学农学院（农科）共毕业学生 323 人，其中本科 154 人、专科 169人，本科生平均每年毕业仅 15.4 人，这些毕业生后来都成为社会的栋梁。

国立中山大学农学院的前身是广东公立农业专门学校，1924 年广东大学成立时并入，改设农林学科，这是广东高等农业教育从专科升为本科的开端。广东大学（1926 年 7 月 12 日为纪念孙中山创建广东大学，国民政府批准改名为国立中山大学）设文、理、法、农四科，农科设农学（先称农艺）、林学、农林化学等 3 个系，先由邓植仪兼农科主任，后沈鹏飞兼任主任（后称院长）。1934 年 11 月 11 日，农学院院址由广州石马岗迁至石牌新校舍；1935 年 5 月又增设研究院，内设农科研究所（分土壤学部和农林植物学部），开展研究生教育，这也是我国招收土壤学硕士研究生之始。据 1931 年国民政府教育部统计，当时全国大学中设有农学院的共 13 所，其中有北平、中央（南京）、中山（广州）、浙江（杭州）、四川（成都）5 所国立大学农学院；金陵（南京）、岭南（广州）、南通 3 所私立大学农学院以及河南（开封）、山东（青岛）、河北（保定）、东北（沈阳）、江西（南昌）5 所省立大学农学院。国立中山大学农学院的办学特点是教学、试验场和技术推广相结合，通过教学培养人才，通过农林试验场得出科研成果，通过推广部把成果应用到生产上去，实行教学、科研、推广（生产）相结合的办学体制。后来，林缵春在海南筹备私立海南大学农学院时，基本上都是汲取中山大学农学院的办学经验，这是后话。

国立中山大学农学院的师资队伍十分强大，拥有许多从国外留学回来的著名学者。如邓植仪（1888—1957），广东省东莞县人，早年在美国学习土壤学，1914 年回国后，历任湖南工专、南京高师中山大学教授，广东农专校长，广东大学、中山大学教务长兼农学院院长等职。1934 年，他利用暑假时间对长江、黄河流域各省土壤和农业状况进行了实地考察，并写成报告书，出版了《土壤学》《广东土壤提要初集》和《广东土壤肥沃度概述》等多部专著。在他率领下，还对广东 94 个县进行了土壤调查、土样化验分析和土壤肥沃程度统计，至抗日战争前已经完成了全省交通干线的土壤调查，完成了番禺、新会、惠阳、从化、曲江、蕉岭、澄海、揭阳、海丰等 28 个县的土壤调查报告书。沈鹏飞（1893—1983），广东番禺人，早年在清华学堂留美预备班学习，1917 年在美国俄勒冈州农业大学学习森林工业，归国后先后在广东公立农业专门学校、国立广东大学、国立中山大学农学院任教授、系主任、院长等职。他曾出任调查西沙群岛委员会主席，于 1928 年 6 月 22 日率领中山大学农科丁颖、陈达夫教授等 5 人同农政厅、实业厅、建设厅、海陆军方面共 15 人，历时 16 天，详查了西沙群岛的地理、气候、物产等，并汇编出版《调查西沙群岛报告书》。丁颖（1888—1964），1912 年广东高师毕业，1913 年留学日本学习农业，1924 年归国任教于中山大学农学院。在他率领下先后培育成"恶打粘""中山一号南特""东莞白""暹黑七号""七担种"等丰产良种，深受广大农民欢迎，尤其是"早银粘"与印度野稻杂交育出 1400 多粒的千粒穗，引起国内外稻作界的广泛关注。

林缵春留在国立中山大学农学院任教后，第一年担任助教，第二年开始授课。按照民国时期所颁布的《大学教员资格条例》：大学教员分为教授、副教授、讲师和助教四个等级，助教一年后可以凭成绩升为讲师，讲师一年后可以凭成绩升为副教授，副教授在两年后可以凭成绩升任教授。从 1935 年 7 月至 1939 年 10 月，林缵春留校任教 4 年多时间，在这 4 年期间，他如同其他新进大学的年轻教师一样，每日重复着基本相似的生活，查阅资料、备课、讲课和科研等，忙碌而琐碎。与此同时，林缵春仍积极参与"琼崖农业研究会"的工作，在《琼农》月刊上发表论文，研究海南农业的问题，一直心系海南农业，关注着海南的农业开发和发展。

（一）学术研究

林缵春留校任教时期的学术研究，除了《海南岛之农产食粮调查》一文发表在上海市《国际贸易导报》外，其他全部刊登在《琼农》月刊上，研究的问题仍然集中在海南区域，除了海南农业之外，研究范围几乎拓展到整个海南产业，涉及农业、林业、矿业等产业领域。海南农业问题研究中也进一步深入探讨粮食、农村、农村教育和利用华侨资金开发问题，等等。

1.《琼崖农村经济——儋崖二县农村经济》，广州市《琼农》月刊第二三～二四期合刊（民国二十五年二月一日，1936 年）页一～五。

2.《对于琼侨集资开发琼崖实业有所献言》，广州市《琼农》月刊第二五～二七期合刊（民国二十五年五月一日，1936 年）页一～二。林缵春在该文中大力倡导利用侨资开发海南，对华侨建立垦殖农场，如何组织公司、延揽技术人才、选择投资目标与投资环境等方面提出了建设性见解。之后，广州《中山日报》也发表"开发琼崖之三种力量"的社论，把侨资列为开发海南热带种植业的主要力量（《琼农》第三九～四〇期合刊中予以转载）。

3.《海南岛之农产食粮调查》，上海市《国际贸易导报》第八卷第六期（民国二十五年六月十五日，1936 年）页一五一～一七四。

4.《筹办声中的琼崖农业学校》，广州市《琼农》月刊第二八期（民国二十五年八月一日，1936 年）页五～七。

5.《琼崖矿业》，广州市《琼农》月刊第二九～三〇期合刊（民国二十五年九月一日，1936 年）页一～三。

6.《开发琼崖意见》，广州市《琼农》月刊第三二～三五期合刊（民国二十六年一月一日，1937 年）页一～六。

7.《海南岛之林业》，广州市《琼农》月刊第三二～三五期合刊（民国二十六年一月一日，1937 年）页一二～二二。

8.《从琼崖之行说到开发琼崖》，广州市《琼农》月刊第三九～四〇期合刊（民国二十六年七月一日，1937 年）页一～四。

9.《开发琼崖与植棉桐问题》，广州市《琼农》月刊第四一～四二期合刊（民国二十六年九月一日，1937 年）页一～六。

10.《农村经济与合作事业》，民国三十二年（1943年）出版。

11.《海南岛之产业》，民国三十五年（1946年）出版。

（二）社会实践

1937年，"琼崖农业研究会"准备在海南恢复设立农事试验场。当年4月26日，"琼崖农业研究会"召开临时会员大会，一致认为当时海南农业科学研究机构的设立，刻不容缓，推举林缵春等五人为筹委，起草简约及计划，一俟经费等方面筹措有绪就派员前往开办。

二、向宋子文上《开发琼崖意见书》

1936年，广东的陈济棠和广西的李宗仁联合"倒蒋"，蒋介石用收买和分化的手段导致陈济棠、李宗仁内讧，陈济棠被迫离穗赴港，南京国民政府重新控制广东。广东省撤销原来在海南设立的琼崖绥靖区委员公署，将广东全省划为九个行政督察区，琼崖被设为第九行政督察专员区。

国民政府重新控制海南后，开发海南的时机已经成熟，1936年11月20日，海南文昌县清澜商会主席翁冠千上《开发琼崖条陈意见书》，呈请广东省财政厅（宋子良任厅长）转致全国经济委员会。之后，陈诚（军政部次长兼广州行营副主任）、余汉谋（广东绥靖主任）等也致电行政院，认为"琼崖关系两广及国防甚巨，有设特区必要"。在此背景下，国民政府要员、全国经济委员宋子文视察海南。据海南师范大学胡素萍教授《民国海南岛开发热潮与宋子文返乡之行》研究：1936年11月下旬，宋子文先行抵达香港，23日，香港琼崖商会举行欢迎会，宋子文在会上发表了热情洋溢的讲话。11月26日，宋子文自香港抵达广州，琼崖旅省同乡会聚会广州中山纪念堂欢迎。12月2日，宋子文、宋子良兄弟及随员 14 人分乘三架飞机从广州飞往海口。上午 10 时 30 分抵达海口，海南各界在海口中山纪念堂举行欢迎大会，宋子文、余汉谋相继演讲开发琼崖之意义。正午，各界设宴为宋子文等人洗尘。当天下午，宋子文回到老家文昌，受到乡亲父老的热烈欢迎。欢迎会后，宋氏一行驱车返海口。4 日早上，离开海南飞广州。在此期间，宋子文提出了"开发海南实业，巩固海南国防"的口号，并划拨三千万巨款开发海南岛，在国内外产生广泛影响。

宋子文视察海南，对海南人来说是一件振奋人心的大事，标志着国民政府对开发海南的重视，也是海南发展的契机，因此，岛内外社会各界都积极筹备。在广州的中山大学农学院"琼崖农业研究会"也积极发挥自己的作用，林缵春在《开发琼崖意见书》中，向宋子文提出建立"开发琼崖研究会"，发展交通、农林、水利，改良农村、化黎，巩固国防等多项建议。"琼崖农业研究会"中其他人士如岑衍璆在《开发琼崖之我见》一文、曾浩春在《开发琼崖与南路铁路》一文中，分别提出了对海南开发有参考价值的建议。

林缵春在《开发琼崖意见书》中详细阐述了开发海南岛的意义，并提出设立机构、开发计划与方法、资金与人才、开发内容等方面的内容（林缵春 1936 年所上宋子文《开发琼崖意见书》，之后刊载于《琼农》月刊第三二～三五期合刊（民国二十六年一月一日，1937 年）页一～六。1946 年 4 月抗战后出版《海南岛之产业》时又附录《开发琼崖意见书》，从 1936 年上书宋子文到 1946 年出版已经过了 10 年时间，期间发生过日本侵占海南岛的事件，所以在后文中，作者结合时代背景增补了许多内容），简述如下：第一，开发海南岛的意义。林缵春认为海南岛不仅地理位置重要，为我国南部要塞、两广门户及欧亚交通所必经之地，而且海南岛热带资源物产也十分丰富，为我国独一无二的热带区域，农、林、矿、渔、盐、畜产等资源丰富程度甲于各省，尤为南中国一大宝库，对于军事、经济、交通所具地位均十分重要，因此，海南岛开发的意义，不仅仅为实业之开发而已，而且包括军事、政治、教育、交通、社会等各种建设。第二，开发海南岛的机构。林缵春认为应设立实业督办或类似机构，否则不能完成任务，"有谓本岛远处天南，孤悬海心，过去政治设施，每感鞭长莫及，今后为开发本岛计，应划本岛为特区或为一省，提高其行政地位，始可事权专一，统筹策划，恪尽其责，此言似甚合理"，"本岛改省，确属必要"。建议国民政府在海南岛建省。第三，开发海南岛的计划与方法。林缵春根据海南当时的社会现状和日本占领期间的经验，提出了针对性建议。首先，要解决开发障碍，包括治安要良好、政治要澄明；解决一切障碍条件，如交通、卫生、水利等，均为开发海南岛的先决条件。若此得不到解决，则人人视为畏途，安有开发可言。其次，扶植及奖励民营产业开发本岛。其目的在发展国民经济，繁荣本岛，故一切开发与建设事业，除国防、政治、教育、交通及重要或有关军事的产业，如矿产、水利、水力发电、重工业、公共事业等由政府开发与建设外，其他事业均可采取有效方法，扶植及奖励民营产业。再次，施行产业统制。各种产业的开发经营，均应在政府指导监督之下有计划发展。政府为求产业合理发展，应施行产业统制，以明了产业发展情况，并以此为扶植奖励或纠正限制的依据。第四，开发本岛的资金与人才。林缵春认为开发海南岛，资金与人才为首要条件。资金来源，建议除政府投资外，可借助于华侨或国内的金融界。人才方面，开发本岛的上级机构，需要有学问、干练、勇敢及经验丰富的人员主持其事；下级机构也需要有忠实、勇敢、勤苦、耐劳兼具有常识经验之人指导工作或实地工作。

林缵春在《开发琼崖意见书》中还详细地罗列了开发内容的要点，涉及交通、水利、农业、林业、天蚕、畜牧、渔业、盐业、矿业、工业、农村、土地、教育、合作与运销、金融、国防等许多方面。

交通方面。林缵春认为交通为开发海南岛的重要问题之一，是开发海南岛整个计划中所不可缺少者，他从岛外交通和岛内交通两方面进行了阐述。岛外交通方面：首先是海港。海南岛四面环海，港湾甚多，可辟为海港的，如岛北部琼山所属海口港，澄迈所属马袅港，岛东部文昌所属清澜港及岛南部崖县所属榆林港，均应开辟商港，其中以马袅、榆林两港为主要商港，海口、清澜为副。其次是船只。轮船为海道交通的唯一工具，徒有良好完善的港口，而无轮船为之通航，也会失其效用。奖励民有帆船航运，以资辅助。轮船的主要航线建设：一为南洋群岛各重要商埠；二为广州湾、北海、海防；三为广州、香港或汕头、厦门、台湾、上海；四为岛内各港口。岛内交通方面：首先是铁道。从开发五指山富源及进行化黎的工作考虑，可修建由五指山至榆林与海口的两段铁道。此处铁道的修建，因为其具有颇为重要的经济价值及政治意义，所以万不可因为建筑时的种种困难，弃而他就。其次是公路。本岛环岛公路，早已筑成，全岛十六县，可通车者已有十四县，只有保亭与乐东两县尚未通车。其他各市镇间已通车者，亦并不少，故在今日而言开发本岛公路，可注重于公路经营管理方面。凡重要城市间及环岛交通的路线，其路基务须修筑坚固，管理周到，绝不能仅以造成公路，即为完成开发交通的任务而建。至于通往五指山的公路，其主要者，如一条由崖县所属的九所经乐东县、番阳峒、加钗峒、新市、岭门、南闾、岭口直达加积市；一条由崖县城经保亭县、乌牙峒、太平峒直达万宁县城；一条由乐东县城经白沙县、南丰市、那大市、和舍市直达马袅港。再次是车辆。昔日岛内陆上交通多依赖汽车，民国二十五年（1936）共有汽车三百余辆，多属小型汽车，用以载客。今后应扶助人民购置货车，以为岛内运输及交通之用。

水利方面。海南全岛江河众多，最大者为南渡江，次为万泉河，再次为龙滚河、太阳河、陵水溪、北门江、新昌江、金仙河、文渊水、宁远河等，但是，各江河多属溺河，河底多沙，支流不多，且乏修理，故灌溉及交通之利不大。不但如此，沿江少森林，水无涵蓄，一遇大雨，则江水暴涨，浑浊不堪，数日不雨，则又陡落，如南渡江为本岛的最大河流，而涨落之间，往往相差二三丈之远，故其下流自定安以下，直至海口，每患水灾，沿岸农村，受害不浅。至于远水源之地，则仅凿井引泉，灌溉用具，概属简陋。因此，近水源者，不能尽受河水之利，远水源者，不能设法引水，以济干旱。农业之衰，有由然矣。故凡言开发本岛者，无不异口同声，以发展水利为第一。惟务须注意者，宜衡其轻重，别其缓急，尤宜审察土壤之机构，水质之成分，水量之多少，农业上适应性与经济之条件等，而后方可从事，决不可专责成于水利工程师，致偾事也。

农业、林业方面。海南岛气候和土地，最适宜于温、热两带农林事业的发展，现应搜集优良品种，设立试验场，实施试验改良，指导人民组织合作社，分别整理经营。此外应统筹计划，以谋本岛农林事业的合理发展。下列三点，应注意办理：第一，设立农林试验场。可在定安、琼东、乐会三县接近黎境一带及万宁、陵水、崖县一带，选择一处适当地点，各设热带作物试验场一所，专门办理试验、繁殖及推广工作。其供试品种主要为树胶、珈琲、高根、金鸡纳、益智、艾粉、可可、木麻黄、有加利、菠萝、甘蔗、黄麻、胡麻及各种果类，次为禾稻、甘薯、木薯等什粮作物。第二，设立国营农林场。在澄迈、儋县一带择适宜地点设立国营农林场一所，大规模经营树胶、黄麻等特种作物，并办理试验繁殖推广工作。在保亭县境内设立国营天然林场一所，专为保护、采伐、整理及经营五指山森林。因本岛天然美丽风景，原在五指山中，应整理经营使之成为一大天然公园，以供游历及避暑。第三，分区发展农林事业。就本岛气候、雨量、土壤、物产等情形考察，农林事业可分四个区域发展。第一区为树胶、甘蔗、水果区，所辖区域为琼山、澄迈、临高、儋县四县，发展的作物主要为甘蔗、树胶、黄麻、荔枝、龙眼等。第二区为椰子、菠萝区，所辖区域为文昌全县，发展的主要作物除椰子、菠萝外，尚有珈琲等。第三区为槟榔、树胶区，所辖区域为定安、琼东、乐会三县，发展之作物主要为槟榔、树胶、益智、珈琲等。第四区为珈琲、甘蔗、高根、金鸡纳区，所辖区域为万宁、陵水、崖县、保亭四县，发展的作物主要为珈琲、甘蔗、高根、金鸡纳、树胶、槟榔、芒果、芭蕉、水稻等。各区农林事业，可由政府指导、协助、奖励，或扶导组织合作社或开辟交通、水利等方法，以谋合理的发展。

天蚕及畜牧方面。海南岛天蚕丝产量年约千担以上，价值数百万元，但产地多在黎族聚居区内，故少有注意其业之改良发展者。日本人在本岛岭门地方，设有试验场及加工制造场，可利用之继续办理试验、繁殖、推广及制丝等，并可收集各地产品，加工制造及统筹运销。至于畜牧事业，全岛出产以牛、猪为大宗，羊次之。东山羊、文昌肥鸡、嘉积番鸭、海口烧猪等，皆久著其名，故应在感恩、昌江、白沙一带地广人稀之处，设立国营牧场一所，大规模经营畜牧事业，并对牛、猪、羊、鸡、鸭、猪等品种进行改良试验，以资大量繁殖推广。

渔业、盐业方面。海南岛有渔盐之利，著名的海产有飞鱼、梅子鱼、鲳、鲣、白鱼、黑鱼、柔鱼等，盐产之品质最佳者为北黎、三亚的产品。关于渔业开发经营方法：首先确立渔业基地。一面指导人民设置合作社或其他组织，贷予资金及收购日本人遗留下的渔船、用具、工场（或由人民租用或贷予人民分期偿还均可）继续恢复经营；一面派员指导协助，以期使其获得新式方法，图谋改良发展，其他海口、清澜、博鳌、北黎、新英、新盈等产鱼丰富的海港，逐渐扶持推广。其次加工制造。指导扶助人民设置合作社，运用日本人鱼类加工场，制造咸鱼、鱼羔、罐头、冷藏、冷冻等加工业，并联合共同运销。再次发展养鱼业。岛内各地水池，均可利用以指导扶助人民养鱼，国内各地优良的鱼苗，由政府设法输入，大量供给。第四设立水产学校。

在榆林或白马井设立水产学校一所，专门训练渔业技术人才，以树立本岛渔业发展的基础。关于盐业的经营方法：首先新辟盐田。奖励或扶植人民在盐业发展条件最优良的莺歌海、新英港、保平港等处开辟盐田，采用科学方法经营，并由政府或奖励人民设立盐化学工业于莺歌海，以促进盐业及工业发展。其次指导设置合作社。在榆林设置盐业产销合作社，统一办理全岛盐业产销，并负责盐业调查、指导、协助各种工作，以促进本岛盐业合理发展。

矿业方面。海南岛矿产丰富，可以提供工业原料，从发展工业的角度考虑，这些藏量丰富的矿产，应从速努力开发。首先是开采。石碌、田独两大矿山，应由政府接办，先行复工，继续经营，其他可奖励人民办理。其次是调查化验。调查、采探、化验，并制定采矿权，如属人民开采者，应指导采用新法。

工业方面。海南岛既适宜农林事业发展，也适合工业的发展。农业、工业的相互关系至为密切。今后本岛首先应发展的工业：一为制胶厂（因本岛为产树胶之区），二为制糖厂（本岛甘蔗产地年可二造，为内地所无），三为罐头厂（本岛畜产、渔产、果产最富，最宜发展），四为纺织厂（本岛产菠萝、黄麻甚多），五为制油厂（本岛产椰子、花生甚富），等等。其他如皮革、印刷、椰壳、竹器、鱼网等，可次之。但各种工业，应由政府扶助民营为原则，政府经营的工业，应为原料工业或重工业（当然有些亦可民营），若政府亦经营肥皂厂、电池厂而与人民争利，则殊为失策也。

农村方面。农村为本岛社会组织的基础，农村经济是全岛经济的重心，今日农村情况如此，倘不先从农村救济、农村建设下手，整个琼岛决无繁荣之日。故今日而言开发琼岛，别种事业置而不谈犹可，但农村救济切不可等闲视之！农村救济分消极、积极两种，消极为紧急之救济，积极为生产之救济，即放款农民，恢复生产。二者均应双管齐下，不分先后，始克收效。至于农村建设，如金融调剂、土地分配及整理、农村组织加强、农村教育普及、提倡合作及副业、荒地利用、道路修筑、卫生实施等方面，亦应及时施行。若舍农村救济、农村建设，而言开发琼岛、繁荣琼岛，实无异于缘木求鱼，绝无成功希望！

土地方面。本岛土地，多未测量整理（新增的白沙、乐东、保亭，其县境仍未切实测量划界），不但耕地荒地面积若干，无从统计，即土地历年为有势力者不合理强占或自划为己有的复杂情形，亦无从明了。故地权需要重新整理，地籍重新登记，诚为当务之急。应采取：第一，农田已失基界成为一大农场者，可指导其地所有者组织合作社共同经营，按照所提供的劳力合理分配产物。第二，农田已辟为水池者，其地权仍归所有者，惟其水权则归公有（合作社或学校公益社团），以供附近农田灌溉。灌溉所得利益，由公家（合作社之类）、水池之地所有者及受灌溉之农田所有者共同分配，其百分比视情形而为合理之规定。第三，地契田契登记，从速于六个月内办理完竣，地权整理、土地测量，则应于一至两年内办理。

教育方面。教育为一切事业的基础，教育不发达，则人民知识低下，人民知识低下，则开发琼崖、繁荣琼崖无从实现。且开发本岛、改造农村、改良农业，若没有农业人才指导工作，便不能收效。本岛教育设施，似应依照下列各点分期进行：第一期（一年内）普及各县国民小学，及设立农工职业学校、水产职业学校各一所。第二期（两年内）普及各县乡镇中心学校及设立化黎学校，进行化黎工作。第三期（三年内）推进各县初高级中学校的设立，及增设农工及海军等学校。

合作及运销方面。合作为促进各种事业发展的有效工具。海南岛四面环海，对外交通十分不便，物产外销十分困难。为解决这种困难，以促进本岛产业发展，推行运销合作、设立运销机构，十分必要。兹将本岛合作及运销业务的推行意见，提供于下：在合作方面，首先设置县各级合作社。各县政府应依照规定从速设置合作指导人员，依照规定分期推行县联社及乡（镇）保合作社之组织，以配合新县制地方自治工作的设施及发展国民经济建设。其次设置特产合作社。本岛特产十分丰富，应审察情形，分别设置各种特产产销合作社，以促进特产产业的发展。再次设置垦殖水利合作社。本岛一般地广人稀，可耕肥沃土地颇多，惟因水利缺乏，不能尽量利用，应设置水利垦殖合作社，或垦殖新村，以增加生产。第四设置联合运销合作社。本岛孤悬海外，物产外销，颇感困难，应分别指导各种产销合作社，联合设置大规模运销联合社，宏厚力量，集中统一运销，以降低其成本。在运销方面：首先设置合作供销机构。海南岛物产丰富，向外运销，非有强而有力的运销机构统筹办理不能成。仅以盐一项言，其产量之富饶，已非人民组织力量薄弱的运销合作社或其联合社所能完成其任务。故需要扶植设立运销联合社，充厚其力量。应由中央合作供销总处，在本岛海口设立一分处（将来可在榆林设立一支处），其业务不但运销本岛物产于外地，且可由外地购买本岛所无或需要的物品，供给本岛各合作社销售于一般人民。但此合作供销机构，应尽力购置轮船、帆船、货车等运输工具，始可把握运销业务之发展；否则恐怕等于虚设。其次设置一般运销机构。本岛十六县，地区辽阔，物产富足，绝不能专赖一合作供销机构完成其运销业务，故在政府方面，不但自置船只、车辆协助物产运销，并应尽力扶助设立一般运销机构，以期充分促进本岛产业发展。

金融方面。首要任务，即一面施行紧急救济，使饥饿失业的人民得以生存；一面大量贷款，使因缺乏资金而停止的各项生产得以恢复，然后方可言其开发建设工作。但是，无论救济、贷款或开发、建设，皆不能不借助于金融机关的力量。现在本岛金融机关已恢复或设立者，只有广东省银行及中国农民银行两家，力量似嫌薄弱，且也未开展其大量贷款业务。今后应加强的工作：第一，中国农民银行应从速举办大量农贷，以扶助本岛农业生产恢复及发展。第二，从速设立交通银行琼崖支行，负责工贷业务，以扶助本岛工业生产恢复及发展。第三，发动或协助华侨、金融界或资本家，设立银行，或官民合办。第四，各银行应视环境需要，斟酌地点在本岛各重要港口及城市设立分支行处，以期普遍。第五，各银行业务除自投资金开发产业及其他银行应办业务外，应协助民营的农、工、渔、盐、水利等生产事业发展。

国防方面。海南岛在国防上地位十分重要，林缵春提出了巩固之道：一为国防建设，如军港建筑、购置防空设备、设立海空军学校、挖战壕、机场建筑、人民宣传训练等；二为实力充实，如开发矿产、增加生产、民食充足、农村建设及其组织巩固等。

1937年5月3日，中华民国全国经济委员会召开"琼崖划设特区讨论会"，军事、经济两委员会和财政、内政、军政三部等代表参加，会议决定：由内政、财政两部各就主管范围，参照青海、宁夏、西康等先例，草拟琼崖设区计划方案；由行政院令实业、交通、铁道三部会同经济委员会商拟琼崖各种经济建设及海港建设之初步计划。林缵春等人的建议取得了积极成效。

三、战乱中著述《海南岛之产业》

林缵春编著的《海南岛之产业》出版于1946年4月，由"琼崖农业研究会"发行，是《琼崖农业研究会丛书》之三。林缵春编著的《海南岛之产业》一书应是写作于抗战期间，所以才能在抗战胜利之后立即出版，可见他在战乱之中仍不忘研究著述。海南师范大学张兴吉教授认为："在这个研究高潮中，我们注意到，在这一时期不断涌现的海南岛的产业研究著作中，林缵春的《海南岛之产业》是最早的，即抗战胜利后的 1946 年 4 月就出版了这部著作。以此可以看出林缵春对于海南岛开发的期盼，以及他所从事的海南岛开发研究，绝不是一个断续的研究而是一个持续的、不断深入的过程，所以，他才可能在日本宣布投降仅仅半年之后，就推出了这部全新的著作。"

《海南岛之产业》的研究内容十分广泛，此书共分为八章，分别讲述海南岛的地理及人口概况、交通、气候、农业、林业、矿业、产业之展望等，第八章是"日本人在本岛产业之开发"，对日本人侵占海南期间"开发"海南进行了描述，最后附录《开发琼崖意见书》，对如何开发海南产业提出了建设性的可行性意见。

第一章至第三章主要介绍海南产业发展的自然、地理和社会环境，涉及海南岛的位置、耕地和荒地面积及其地势、人口、农业人口及每人耕地面积、地质及土壤、港湾、河流等情况。也介绍了海南的交通情况，涉及岛内交通和岛外交通，对航线、道路、设施等情况均有记载。同时介绍了海南岛的气候，涉及气温、雨量、风候等。

第四章至第七章主要介绍海南农业、林业和矿业的发展情况，农业部分介绍了主要农产的种类及其分布，主要农产的销售情况；林业部分主要介绍了著名树木及其用途，森林的分布，林业的经营法，林业的积极地位等；矿业部分主要介绍了矿产的种类及成分，矿产分布以及矿业前途等，然后对海南产业的发展予以展望。

第八章是"日本人在本岛产业之开发"，对日本侵占海南期间"开发"农业、林业情况，修建水利，开发畜产、水产、盐产、矿产、电气事业及一般工业等方面进行了详细的介绍。

《海南岛之产业》以介绍海南产业发展基础、条件和产业开发现状为主，资料详实，可见其阅读了大量文献，开展了广泛的实地深入调查，在当时是一部了解海南岛产业发展基础的重要文献。林缵春的老师黄枯桐在出版序言中对该书予以很高的评价："海南岛乃吾粤琼崖之总称。无论在经济与国防，皆属扼要之区，不容忽视者也。盖其资源丰富，山川险要，实吾国南服之重镇。而据此足为南海之砥柱，进而虎视太平洋，而拊日本之背，固易如绕指。故素为日寇所垂涎，而终沦于敌手也。海南岛之重要而有其特性，总理孙公最先认识，早提建省之议矣。今后经之营之，中枢当有精审计划，而悉力以赴，理势然也。日寇于占据海南岛期间，关于农、林、工、矿、交通、海港及军事设备种种，无不致力而粗具规模。敌人之野心可知，而琼崖之重要益可知矣。昔人视为瘴疠之地，裹足不前者，今乃竞欲投资以发其宝藏，为现代之企业矣。然而此天府之区，其内容如何，环境奚若？其于政治、经济、文化、国防等等关系又如何？非有详确之记载，供实际参考，以为今后建设之张本不可。准是以言，则予欲以此书为介。盖作者林君缵春，从予治农业经济有年，抗战前已有琼崖农村实地调查之报告，刊为《琼崖农村》。谈琼崖者，多引证之。而日寇关于海南岛之论著，亦几无不资以为主要之参考书。然此犹其粗枝大叶，略见一斑者耳。林君今兹新著，则搜集益丰，剪裁攸当，俨然巨制也。具见精心结撰，不同平庸之时论。予知其必大有裨于海南岛之建设，足为其敷治之典要。故乐为审阅而略叙其端绪，以告国人云。"海南师范大学张兴吉教授对其评价也很高："《海南岛之产业》是林缵春在抗战胜利后撰写的又一部重要著作——抗战胜利后，百废待兴，开发海南岛的呼声再度响起，特别是在抗战中，日本对海南岛的侵占，以及日本人在这一时期对于海南岛的所谓'开发'、调查、研究，极大地刺激了国内的学者，较之战前，国内学界对于海南岛的关注度更高。"此评价可谓客观中肯。

林缵春的《海南岛之产业》是抗战胜利后国内对海南产业研究的一个缩影。这一时期，国内许多学者开始从不同角度研究海南岛，首先是收集日本人在侵占海南岛时期所撰写的资料，加以编译，这一时期出版了大量的著作，其中有许公武的《海南岛》、李待琛的《海南岛之现状》、冯河清的《海南岛社会经济文化辑要》等。这一时期的海南研究开始进入多角度的研究时期，进行了许多深层次的探索，如 1947 年正中书局出版的陈正祥的《海南岛地理》、许崇灏撰的《琼崖志略》，1949 年商务印书馆出版的陈植的《海南岛新志》等书。《海南岛之产业》一书呼吁对海南农业进行改革，开发建设海南，引起了国内外有关人士的关注，被译为外文。抗战胜利后，国民政府也鉴于日本人在抗战时期在海南岛的所谓"经济开发"以及海南岛突出的战略地位，又将开发海南产业的问题提上议事日程。国民政府首先对"日本海南海军特务部"制定的《海南岛产业五年计划》进行了研究并认为：此计划设计周密切实，颇有参考价值，可以作为开发海南的参考资料。1947 年 3 月，国民党六届三中全会通过了陈策等 48 人提出的"请速将琼崖改设海南省以便清除匪祸安定西南并开发富源加强国防案"。6 月，国民政府议定设立海南特别行政区。此后，为推进海南的开发，国民政府资源委员会拟定了《开发海南岛草案》，计划动员国内有志之士到海南从事开发工作。

四、抗战期间短暂的仕途

1937 年 7 月抗日战争全面爆发后，战火很快就烧到了南方。1938 年 10 月 21 日，广州沦陷，10 月 29 日，国民政府以连县作为广东省政府第二根据地，准予省府迁至连县（即今清远连州市）。连县位于广东省清远市西北部、北江支流连江上游，地处五岭中之萌渚岭南麓，境内崇山峻岭，丘陵冈峦星罗棋布，北部有簸箕山脉，主峰天堂岭，海拔 1712 米，为县内最高峰；东部有大东山脉，主峰岩坑山，海拔 1604 米，为境内次高峰；西部有大龙山脉，由西北向西南；其余山岭海拔多在 1000 米以下，形成西、北、东三面山地，中部稍低，均为丘陵地带，是躲避战乱的好地方。1938 年 11 月初，广东省八届省政府主席吴铁城与省高等法院院长史延程率所属及各厅、局、处等各级机构赴连县。1938—1944 年期间，国民党广东省政府曾五次迁到连县，第一次迁来是 1938 年 11 月初，第二次是在 1939 年冬天，第三次是在 1941 年秋天，第四次是在 1942 年七八月间，第五次是在 1944 年 6 月间，每次时间都不太长，约四个月至半年，这五次中，第一、二、五次是整体迁来的，而第三、四次只是部分部门迁来。

1937 年 8 月至 9 月，以及 1938 年 3 月至 6 月，中山大学石牌校区和附中校舍遭到日本飞机轰炸，部分校舍被炸毁，死伤近 20 人。奉国民政府教育部之命，1938 年 10 月 19 日，农学院随同中山大学迁往广东罗定，11 月中旬在迁往广西龙州途中又奉命改迁云南澂江（1955 年改为澄江），1939 年 2 月底全校师生员工抵达云南澂江，农学院分散在鲁溪乡玉皇阁、吉利村关圣宫、洋澜村莲万寺、关圣宫、归马乡上寺、鲁溪乡下寺、洋源营乡凤台寺多处，主要利用庙宇等建筑物。1940 年 10 月，中山大学由云南澂江迁回粤北坪石，农学院设在湖南宜章栗源堡。1944 年底至 1945 年初，日寇进攻粤北，1 月 16 日占据栗源堡，中山大学紧急疏散，农学院分设在连县东阪西岸和五华歧岭。《南方日报》描述中山大学抗日年间迁址："前后 7 年，颠沛流离，几度迁徙，三易校址。先迁云南，复迁粤北，三迁粤东仁化、连县。"日本投降后，国立中山大学于 1945 年 10 月迁回广州，农学院迁回石牌原址，并于 1946 年初夏复课。

林缵春最初随着国立中山大学搬迁。1939 年 11 月，林缵春调任广东建设厅合作股长，1941 年 3 月至 1946 年 9 月，担任广东建设厅合作事业管理处技正兼课长。抗战时期，广东全省财政经济十分困难，省府决定以粤北为重点，开展战时状态下的经济重建和发展工作。1939 年 6 月 6 日，广东省府委员会第三十七次会议将连县定为实验县，拨给经费。1942年，省建设厅合作事业管理处在连县设立"合作事业中心示范区"，由林缵春兼广东省连县合作实验区主任、广东省琼山县合作示范区（1944年2月至9月，隶属于合作事业管理处）主任等职。

第四章

回归家乡，筹建私立海南大学

1946年9月，林缵春由广州回到海南筹办私立海南大学，因在筹办期间没有工薪，所以仍兼任广东省建设厅合作事业管理处课长。在私立海南大学正式成立之前，先筹办了海南农业专科学校（另据林承鸿回忆，这一时期林缵春还参与创办私立丘海中学，地址在府城，现海南省委党校和海南中学旁边）。林缵春在私立海南大学任教期间，1948年5月至1949年1月还兼任农林部海南岛农林实验厂技正兼组长，1949年5月至1949年11月兼任海口农民银行专员。1948年，林缵春被国民党海南党部指派为海口市第13区分部执委兼书记，因党证丢失未就，同年，被海南专员公署聘为清剿设计委员会委员，同年又被国民党海南党部聘为文化运动委员会委员。

一、筹备私立海南大学

1945年8月抗日战争胜利后，海南岛的开发问题又被重新提上中华民国国民政府的议事日程。海南籍军政要人在国民政府层面继续积极推进海南建省议程，1947年3月23日，国民党六届三中全会上通过了陈策等 48 人提出的《请迅将琼崖改设海南省以便清除匪祸安定西南并开发富源加强国防案》，同年 6 月 5 日，行政院决定将海南岛设置为特别行政区，并设置建省委员会。1948 年 8 月 15 日，立法院通过有关法律，海南特别行政区正式成立。1949 年 1 月 21 日，行政院任命张发奎为海南特别行政区行政长官兼海南建省筹备委员会主任，张发奎以"在此局势下，事未易为"为辞，不愿就职。2 月 9 日，行政院在第 43 次例会上改任李汉魂为海南长官，李汉魂还未上任，即被代总统李宗仁任命为总统府参军长。最后，由陈济棠出任海南特区长官兼建省筹备委员会主任。陈济棠就职后不久，解放军渡过长江迅速南下，他只好全力备战，也未能在社会建设方面有所作为。

在 1945 年抗战胜利后的重庆时期，政军等界的琼籍要人也开始思考和谋划海南未来的发展，"汇合琼人智慧，共谋家乡发展"。私立海南大学副校长梁大鹏回忆筹备过程："抗战期间，由于中枢决策，海南建省，势所必趋，乡中先进一时集会陪都，兴奋之余，相与计议，如何适应实际需要，汇合琼人智慧，共谋家乡发展！当时，凡吾琼人，无不人同此心、心同此理地掀起一股建乡的热潮，大家见面，这为话题，大家内心，这为共鸣。这是琼人在其公共行为上团结表现的第一回合。"众人一致认为当务之急，一为海南企业公司，一为海南大学。创办私立海南大学的目的是促进海南地方教育发展，梁大鹏在其《海南大学前后》一文中回忆："忆当抗战接近胜利之时，我们鉴于建琼任务，如不先以文教著手，社会方面无从确立，精神力量无法发挥，各级人手自也无从储备……海大创设之议缘斯而起。"通过教育促使海南社会发展和现代化："要协助政府把海南岛建设成为现代化的地区，这是海大所公开标榜的主要目标之一。"梁大鹏总结创办的理由有三条：第一，海南在宋代时已经奠定中原文化的基础，明代最为昌盛，入清以后逐渐衰退，民国时期停滞不前，造成海南社会经济落后和社会文化没落，大学教育是促进海南现代化的枢纽；第二，海南大学可以培养各项事业的专门人才，以促进海南建设需要；第三，海南地处热带，适合进行热带病理学及植物学等方面的研究。正是琼籍人士掀起的这股上下洋溢着的建设海南家乡的热潮，感染了在广东建设厅合作事业管理处任课长的林缵春，他决定放弃在广州的工作，回到家乡，参与到私立海南大学的筹备之中。

陈策（1893—1949）海南琼山人，字筹硕。1910 年加入中国同盟会，参加了辛亥革命、护国战争和护法运动，曾任大元帅府参议、广东航政局局长、广西船舶管理局局长、长洲要塞司令、广东海防司令、广州大元帅府海防舰队司令、广东国民政府海军局顾问、国民党广东"清党"委员会委员兼情报处处长。1929 年 3 月当选为国民党第三届候补中央执行委员。任南京国民政府海军部海军第四舰队司令、第一舰队司令、海军学校校长。1931 年任广州国民政府海军司令。1932 年赴欧美考察海军，回国后任国民政府军事委员会海军事务处处长。1935年 11 月当选为国民党第五届中央执行委员。1936 年 7 月任广东江防司令、海军虎门要塞司令，曾炮击日军舰队。1938 年任国民党驻香港总支部主任委员兼国民政府驻香港军事代表。1942 年 5 月授陆军中将。1945 年任广州军事特派员，当选为国民党第六届中央执行委员。抗日战争胜利后，任广州市市长兼国民党广州市特别党部主任委员，1946年因病辞职，1947 年被聘为国民政府顾问，1949 年任广州绥靖公署副主任，1949 年在广州病故。

1946 年 6 月 9 日，时任广州市市长的陈策邀集海南社会各方精英名士商讨筹备海南大学，并成立"私立海南大学筹备委员会"，公推陈策、黄珍吾、曾三省、朱润深、云照坤、韩汉藩、梁大鹏等 12 人为筹备委员，地址设在广州永安堂，并分组负责各项工作，主任陈策，副主任黄珍吾，总干事兼总务组长韩汉藩，筹募组长朱润深，财务组长云照坤，计划组长梁大鹏。筹备组立即开展以下工作：第一，扩大声援。联络 445 位军政学商界名人为创校共同发起人（宋子文领衔的

445 位军政学商界发起人中，琼籍的 350 人，非琼籍的 95 人，琼籍中包括宋子文、陈策、王俊、韩汉英、韩汉藩、郑介民、陈序经、陈质平、文朝籍、吉章简、颜任光、范会国、梁大鹏等，汇集了政军学商等社会各界精英人士。1947 年 9 月 20 日，宋子文被委任为广东省政府委员兼省主席，在促进私立海南大学建设方面更是不遗余力）；第二，向香港及南洋琼侨募捐；第三，交涉接收日军留下的椰子园房地产及工厂、农场，作为校地校产；第四，草拟海南大学五年发展计划。为方便工作，在广州和海口两地分别设置"私立海南大学筹备处"，驻广州筹备委员有陈策、黄珍吾、曾三省、林廷华、张光琼、欧兼、王龙舆、朱润深、陶林英、陆达节、麦逢秋、云照坤、吴汉晖、云盈波、韩汉藩、梁大鹏等；驻琼筹备委员有蔡劲军、曾同春、陈洪乾、詹行（火先）、钟衍林、吴为藩、周香岩、冼荣熙、郑彬、杨永仁、王永源、冯蔚轩、李达生、林缵春、陈传栋、韩兢民等，两地筹委合计共 32 人。其中，林缵春被任命为驻琼的筹备委员，就是在这一时期，他从广州返回海口，在海口"私立海南大学筹备处"积极开展筹备工作，因为在筹备私立海南大学期间没有工资，仍兼任广东建设厅合作事业管理处课长。

私立海南大学筹备之初，没有经费、场地和教师，一切从零开始。首先是办学经费短缺。海南大学筹备委员会的筹募目标是国币 268 亿4 千万元，这些经费使用包括建设图书馆、科学馆、体育馆、大礼堂、校本部、文理学院、农学院、医学院、工矿学院、教职员宿舍、学生宿舍、大学招待所等场馆建设，这还不包括学校以后每年的运行费用。这些经费主要面向香港及海外华侨筹集，因此，筹委会制订了详细的募捐计划，国外向暹罗、马来西亚、印度尼西亚、越南、印度及美洲等地，国内向上海、南京、广州、汉口、重庆、香港、贵阳及琼崖境内各地。私立海南大学的筹募活动得到社会各界尤其是海南籍人士的积极响应，有人捐钱，有人捐书，有的捐医药器材。如在泰国方面，在暹罗中华总商会会长兼海南会馆主席云竹亭的倡导下，海大筹委会派林少波将军、立委候选人韩汉籓、东京法政大学毕业的云盈波3人赴泰国发动募捐，他们在曼谷受到200多位侨胞的热烈欢迎，共募集泰币150万铢（约国币800亿元）。之后，林少波独自赴新加坡募捐，也受到热烈欢迎，不过这次募捐数目不多。林筱海在《解放前海南大学创办始末》中回忆："暹罗华侨黄有鸾、曾毓秀、冯世积、云竹亭、韩协准、符致顺、吴清瑶、冯尔和等捐款最多，吴国籓、韩佳元、张德绪等为了纪念乃父乃兄也捐款不少；侨胞王桂苑、周成根等都捐了大笔款项；姜养正的太太，她见报载海大成立的消息，便将其丈夫遗留的各种工农科技图书及辞典等共五六箱书籍赠与海大；徐穆如先生也捐赠珍贵线装书一大批；吴为籓先生的公子吴贤寿捐有关农学中西文图书十余万卷，并于海大建馆纪念乃父。"截至1948年5月海大董事会成立，大约已收到捐款国币1 045亿元，港币4万余元，美金4万余元，星马、安南及荷属东印度的华侨募捐仍在进行之中。海南人也积极捐款，梁大鹏回忆："有一件事值得我们提及的是一位不愿知名的同乡，鉴于海大创设的重要，又复赞成海大自给自足的旨趣，乃慷慨解囊，自动捐献法币七千五百万元充作（半价）购买海口铁工厂（大小机器三十八部）之价款。此为海大创校以来，所接受之最大一个捐献。"在海南岛内外上下积极热情为私立海南大学筹款的背景下，林缵春尽其所能地捐款应在情理之中，不仅如此，身为私立海南大学的筹备成员，他也积极参与募捐活动，还发挥自己的身份之便，前往马来西亚向华侨募捐。1946年，林缵春有生以来第二次前往马来西亚、新加坡，发动当地华侨捐助创办私立海南大学，发展海南教育，培养地方人才。

　　在海南大学筹备委员会和社会各界积极努力之下，1947年11月，私立海南大学正式成立，地址位于海口椰子园（今海口海军医院所在地），该地背临大海，椰林苍茂，环境优美，曾经是日本侵占海南时的海军司令部及海军医院所在地，留有旧型木板屋七十余间。1948年，私立海南大学董事会成立，董事15人，宋子文被推举为董事长，董事当中除张发奎为广东人外，其余皆为海南籍，包括宋子文、陈策、王俊、韩汉英、黄珍吾、郑介民、颜任光、陈序经、梁大鹏、云竹亭等，均为当时社会上卓有影响的政界、军界、学界和商界人物。

1947年11月8日，私立海南大学正式开学，同月17日开始上课。颜任光任校长，1948年颜辞职后，范会国接任校长之职。大学部设文、农、医三个学院，首次招收学生400余人，来自18个省区，琼籍学生仅占其中百分之十。在苏云峰《私立海南大学》一书中记载了副校长梁大鹏关于开学那天的回忆："在开学的那一天，我们看见椰子园里来来往往的，十有八九都是来自外地的男女青年，他（她）们带有许多不同省份的口音，显示着许多不同的生活习惯、生活方式。在地方人士看来，非常兴奋，因为他们从来就未曾看见过这许多青年负笈来琼就学，也从来就未梦想海口这一没落的小镇，居然成为南疆文化的中心。的确，海口市容因而改变，全岛社会也形成另一气氛，值得鼓舞而自慰。"仅仅经过一年多的努力，林缵春与其他筹备人员在一无所有的基础上便促成海南大学招生授课，所付出的艰辛可想而知，实属不易。

在私立海南大学开办期间，林缵春先后在颜任光、范会国、梁大鹏等正副校长的领导下工作。

颜任光（1888—1968），字耀秋，海南崖州乐罗村（今乐东县冲坡镇乐罗村）人。少年时在海南圣经学校学习，考入海口华美中学，后进入岭南大学，以良好成绩考取公费赴美留学。1912年9月至1915年6月，在康奈尔大学获硕士学位后，又考入芝加哥大学深造。1918年6月荣获物理学博士学位。学成之后回国，在北京大学任物理系主任教授，是早期在国内领导和组织物理教学、科研工作的著名物理学家之一。1926年7月，从北京调到上海，历任商务印书馆工厂仪器制造顾问、上海建设委员会专门委员、上海光华大学副校长兼物理系主任教授等职。1932 年 12 月至 1935 年底，任交通部电政司司长。在以后较长的一段时间内，他任上海资源委员会专门委员、技术顾问、代总经理，并被派往香港、重庆、海南岛等地审核材料，1948 年担任私立海南大学校长。新中国成立后，辞去在香港某洋行担任的技术顾问职务，先在上海大华科学仪器公司任研究室主任，后到华东工业部电器管理局任电表制造指导。1953 年 2 月起进入上海电表厂，任副厂长兼总工程师，在五十年代曾成功试制了"开关板涨丝式电表""电子自动控制记录仪表"、"电子电桥式自动记录周率表"等产品，为我国初期的仪表生产做出了较大的贡献。1955 年审干定级时，他被评为一级工程师和一级教授。曾任上海市第四届政协委员、上海市物理学会理事、上海市电子学会理事等职。

范会国（1899—1983），字秉钧，海南文昌县文教镇田墩村人。少年时在家乡私塾读书，后毕业于广东省立琼崖中学。1920 年考取公费赴法国留学，获巴黎大学研究院数、理博士学位，毕业后受聘于该研究院工作。1930 年回国，任南京中央大学教授，后又兼任数学系主任。之后还在上海交通大学、复旦大学、大同大学、北京师范大学任教，其中以在上海交通大学任教的时间最长，曾任上海交通大学特聘教授兼理学院院长等职。1949 年，他应海南同仁的邀请，任私立海南大学校长，为解决师资、资金等问题做了大量工作。新中国成立后，任海南师范学院院长，在 1953 年全国院系调整中，辞去海南师范学院院长等行政职务，到北京师范大学从事科研和教学工作。

梁大鹏（1911—1998），琼海中原镇排塘书田村人。与林缵春是同乡，两村相距不过数里，且两人年龄相仿，梁曾肄业于广州岭南大学附中。1930 年复旦大学本科毕业后赴美国留学，专修政治学，1933 年获密歇根大学硕士学位，1937 年获纽约大学博士学位。1937 年学成归国后在广州创办《贯彻评论》杂志，宣传抗日。1938 年秋撤往重庆，曾任国民政府少将设计委员，同时兼任母校复旦大学（渝校）教授。抗战胜利后，梁大鹏应聘到广州国立中山大学任教授，教学之余，与时任广州市长的陈策、国民党中将黄珍吾等琼籍名人过从甚密，并酝酿、策划、筹备私立海南大学等工作，林缵春应是通过梁大鹏的乡谊关系参与进来。1948 年夏天梁大鹏辞别国立中山大学，担任私立海南大学副校长，肩负创办的实际工作。1950 年 2 月，为争取办学经费，梁大鹏专程飞往台湾，两个月后，随着解放军渡过琼州海峡和海南解放，再未回到海南。梁大鹏去台湾后，任教于复兴岗"政工干部学校"，并担任联合国"中国同志会"总干事。1953 年至 1959 年，应邀赴菲律宾国立大学讲学，返台后任教于"国立"政治大学，并主持该校与密歇根大学合作创设之公共行政与企业管理教育中心。1963 年先后被夏威夷东西文化中心与斯坦福胡佛研究所聘为访问教授，1967 年任旧金山市华城与北岸区经济发展机构执行主任。著有《菲律宾政党与政治》《马加斯之政治话剧》等。林缵春之所以参与私立海南大学的筹备，应该与私立海南大学副校长梁大鹏有密切的关系，在 20 世纪 80 年代，林缵春还与梁大鹏保持着联系，据林缵春在 1980 年 10 月 15 日填写的个人履历中的"国内外主要社会关系"时，唯一提到的是梁大鹏："梁大鹏，过去当海南大学（副）校长，现在美国三藩市居住、写作。过去共同创办海南大学，最近得知其地址，开始第一次通信。"可见两人在私立海南大学创办时就存在着密切的合作关系和私人情谊。

在抗战后特殊的社会背景下，这批筹备私立海南大学的仁人志士，牺牲个人利益，不顾安危，献身于海南的教育事业，极其难能可贵，台湾"中央"研究院近代史研究所研究员、琼籍学者苏云峰对此予以很高的评价："抗战胜利后的海南，千疮百孔。首先要指出的是日本占据六年半期间，被杀害及饥饿死亡者多达五十四万人，几占当时全部人口的五分之一，被焚毁之房屋多达五分之二，其他物质损失，难以估计——在这内外夹攻、蹂躏海南的日子里，一群海南精英，在梁大鹏的运动下，致力于海南大学的筹设，居然在很短时间内招生开学，的确是一个奇迹。"从评价中也可见林缵春及其他创办者热爱家乡的情怀和奉献精神。私立海南大学正式开学于民国三十六年（1947）十一月八日，停办于民国三十九年（1950）四月，前后仅两年半。

二、担任海南农业专科学校校长

海南农业专科学校是在筹备私立海南大学农学院过程中先行开办的学校。

私立海南大学农学院是计划以研究热带农作物为宗旨，必须配备服务教学的实验农场，所以在招生之前就已经开始寻找实验的农场。在私立海南大学筹备处和林缵春等人的努力下，1947年夏，琼海中学将自己的约100亩农场借拨给私立海南大学，私立海南大学将其作为第一实验农场；之后，"琼山县参议会"全体参议员一致专案通过将流水坡农场约500亩给私立海南大学，作为第二实验农场。第二农场的条件十分优越，1947年6月17日，琼山县县长吴荣楫出具证明："现准海南大学筹备处海口办事处，奉本年四月十日海字第二十八号公函：以本处接受贵府流水坡农场面积五百亩，连同房舍、农具、耕牛、水机、喷雾器、家居等，总值国币三万万元，每年农产收入估计约值国币七千万元，嘱发给证明书，以资证明等因。查该处所列资产价值，确系实情，合行发给证明书，以资证明。"私立海南大学接管二处农场后，筹委会聘请农业专家云惟扬担任农场主任，负责规划经营，作为私立海南大学农学院的实验基地。

海南琼山县等地方在捐献农场的同时，也殷切希望即将成立的私立海南大学农学院能设立职业学校，培养地方人才，海南大学筹备委员会为了回报地方对海南大学的捐献，决定先办农业专科学校，聘林缵春为筹委会主任。1946 年 9 月 1 日开始筹备，1947 年 4 月改为私立海南农业专科学校，并聘任获得法国国立里昂大学法学博士、曾任北京大学教授、暨南大学等校教授、广东教育厅主任秘书的曾同春任校长，在曾同春到任之前，由林缵春任代理校长。一个学期之后，林缵春接任校长。1947 年 9 月 28 日开始在嘉积、文昌、定安、澄迈等地开展招生考试，之后 10 月 20 日在海口又招生考试，录取学生 50 名，旁听生 3 名，前后一共招生 53 名，并先于 10 月 14 日正式开学上课。海南农业专科学校校址在琼海中学（现海口市海南中学，创办于 1923 年，是由华侨捐助所建），暂借琼海中学部分校舍充当办公室、课室及学生宿舍。第一学期于 1948 年 1 月 18 日结束；第二学期于 2 月 17 日开学，据称这些学生均能适应实际环境，刻苦耐劳，从教就学。

创办海南农业专科学校是出于由易到难的考虑，先具备条件的就先开办，不过其开办速度超过了民国政府的制度程序，宋子文不得不向教育部说明。他在 1948 年 5 月 20 日代表私立海南大学董事会呈教育部长朱家骅备案中曰："查琼崖位处南陲，幅员辽阔，物产丰饶，具有优良天然地理环境，宜于从事热带性科学之研究，期与国内学术界分工合作，故琼崖高等教育之创始，诚为急不容缓。子文等有鉴及此，爰发起设立海南大学于琼崖海口，籍以作育专才，协助政府，促进政治经济社会文化之建设。惟兹事艰巨，良非一蹴可就。子文等为求实事求是，登高自卑起见，于积极筹办本大学期中，先行开设海南农业专科学校，购置农场工厂，并请拨发海口椰子园为本大学校址，俾奠本大学发展之基础。"可见在海南大学农学院成立之前，决定先开办农业专科学校是根据形势而定的，这些成绩的背后，均有林缵春及其同仁付出的辛勤努力。

三、任教私立海南大学农学院

　　1947 年，私立海南大学成立，1948 年秋农学院成立，原海南农业专科学校并入海南大学，改设专科班，由包望敏任教授兼院长，林缵春兼任农学院教授及班主任。

　　海南大学创建的初衷之一就是针对海南热带地理环境所设计的一所大学，特别强调热带性科学的研究，农学和农学院是私立海南大学重点建设和发展的一个方向和领域。农学院下设农艺、园艺和农业经济 3 个系，1949 年 8 月 1 日，阮康成督学代表国民政府教育部视察私立海南大学后在《视察私立海南大学报告》中指出："海南岛目前急需人才，以农、医两项最为迫切，该校应着重农医二学院之发展。"也特别强调热带农学学科的发展。

　　私立海南大学设有文理学院、农学院、医学院等三个学院十余个学系，两个附属中专（农业学校、水产学校）及附属幼儿园、小学、中学等整套教育体系，还有一个广播电台、一个实习医院、一个体育馆、一个科学馆、一个大礼堂。初创时教员变动较大，1949 年 4 月 20 日私立海南大学总共有教职员 80 余人，其中教授 43 人，共有中、美、法、日、德等 5 国国籍。因时局变动，同年 8 月，教职员下降为 39 人，其中专任教授 14 人，兼任教授 5 人，副教授 4 人，专任讲师 5 人，兼任讲师 7 人，助教 4 人。在私立海南大学办学之初的教师中，留学美国和法国的各有 7 人，留学德国和日本的各有 1 人，出自国内名校的有 11 人，其中又有 9 人是博士，3 人是硕士，且几乎大多是海南籍的专家学者。1949 年 8 月 1 日，阮康成督学代表国民政府教育部视察海南大学后在《视察私立海南大学报告》中对教员的评价为："该校名教授虽不多，然其专任教授皆住校内，尚能称职，对于教学及管训诸端，均能严格办理，实属难得。"其中，海南大学农学院的教师构成，据苏云峰查证有：

翁之镛，江苏人，系翁同龢的后裔，曾任国民政府实业部农本局秘书，全国粮食管理局主任技正，农民银行农业金融设计委员会主任秘书，担任海南大学农学院教授兼院长。著有《我国田赋改革论》《中国经济问题探源》等。

包望敏，1910年1月生，福建省屏南县人，1932年毕业于南京金陵大学农艺系。1935年9月赴美国明尼索达大学研究生院留学，获硕士学位。1937年初回国后历任金陵大学农学院、福建省立农学院、安徽大学农学院、湖北省立农学院等院校教授、系主任、教务主任。1948年秋起，任私立海南大学教授兼农学院院长。新中国成立后，曾任福建农学院教授兼教务主任、系主任，福建省农业试验场场长，福建省农林厅计划室主任，福建省农科所所长，福建省农业厅副厅长，福建省农科院副院长。著有《农作物育种栽培》《农场管理》以及《美国农业经济初探》等著作。

曾同春，海南琼山县桂林洋迈德村人，少时在琼台书院读书。北京大学毕业，考上公费生留学法国，获得国立里昂大学法学博士学位，1931年9月出任中山大学讲师，后任北京大学、暨南大学等校教授，广东省教育厅主任秘书，广东调查统计局局长。抗战时在广东连县办华南糖厂，抗战胜利后在海南行政长官公署任职。海南解放后，因患风湿病，行动不便，后因病去世，享年58岁。

罗斯（Ross），意大利人，昆虫学教授，兼图书馆馆长，能说中文，其夫人为广东人。

符致逵，海南文昌人，华盛顿大学农业经济系硕士，曾任福建省保安处法制室上校主任，福建省农业经济学院院长，南开大学、同济大学等大学教授。

Mrs. Myrle Seaton，美国人，为私立海南大学音乐讲师。

陈希凯，建国后任山东大学农学院教授。

张志公，建国后任北京人民教育出版社总编辑。

朝井小太郎，日本人，建国后任广东研究院研究员。

高照平，建国后任海南农业科学研究所助理研究员。

邵郁，江苏宜兴人，留日生，农学院教授。建国后任海南农业科学研究所助理研究员。

云惟扬，流水坡第二实验农场主任，海南文昌人，农业专家，著有《新琼崖建设农业部门》《琼崖森林概况及整理意见》等。

私立海南大学开办之初，全校学生400余人，来自十八个省区，琼籍学生仅占其中百分之十。在林缵春的指导下，海南大学农学院的学生也十分注重田野调查和海南农业的研究。1948年和1949年的学生毕业论文中，就有对海南岛农业作物和农业经济发展的研究，从保留下来的毕业论文中可见一斑。

民国时期私立海南大学学生部分论文成果表

序号	论文题目	著者	版本
1	《海南岛纤维植物之调查》	徐慧玲	1948年海南大学毕业论文
2	《海南岛之胶树及其将来之经营》	林明亮	1949年海南大学毕业论文
3	《海南岛之苎麻》	王昌元	1949年海南大学毕业论文
4	《海南岛甘蔗栽培概况》	林香山	1949年海南大学毕业论文
5	《海南岛椰子之研究》	刘永钦	1949年海南大学毕业论文
6	《椰子之栽培》	郭道忠	1949年海南大学毕业论文

续表:

序号	论文题目	著者	版本
7	《海南岛稻作之概论》	韩相光	1949 年海南大学毕业论文
8	《海南岛水稻之品种》	黎桂生	1949 年海南大学毕业论文
9	《海南岛志农业状况及其发展方针》	陈昭骅	1949 年海南大学毕业论文
10	《海南岛林木概况及荒地调查》	严安	1949 年海南大学毕业论文

在这一时期，林缵春的主要精力投入到筹备海南大学和招生、教学管理当中，科研成果相对较少，但是仍然在繁忙的筹备之余撰写和翻译了有关海南发展方面的研究成果：一、《合作事业在琼崖推行之我见》，刊登于广州市《南方杂志》，第二卷第一期（民国三十六年四月十六日，1947 年）；二、《海南岛之矿业》刊登于南京市《边事研究》第五卷第一期（民国三十六年十二月，1947 年）页二六至三九。此外，林缵春还翻译了一些日文研究成果：一篇是 1943 年日本东京帝国大学讲师尾高帮雄经过实地调查而撰写的《海南黎族经济生活——乐东重合盆地之调查》，该文由日海军部海南海军特务部政务局第一调查室发行，由林缵春翻译后，于 1948 年 8 月 30 日刊载于《南洋英属琼州会馆联合会会报》第一卷第九期上，该文着重介绍海南黎区丰富的土地、矿产、木材等资源和黎人的经济与生活状况等资料，弥足珍贵。另一篇译文手稿《海南岛的粮食》是日本人宫板梧郎于 1944 年编写的，由林缵春翻译后，于 1948 年 10 月 30 日刊载于《南洋英属琼州会馆联合会会报》第二卷第一期上，该文着重介绍海南岛粮食的产销情况。林缵春认为该书"材料尚属丰富，分析亦较准确，很有助吾人今后对本岛农业发展，特别是粮食增产研究的参考"，以期促进海南农业研究和农业发展。

　　林缵春所著《海南岛之矿业》是较早研究海南矿业开发的研究成果。海南的矿业开发兴起于晚清，光绪三十三年（1907），马来西亚华侨胡子春回国办实业，他向当时的清政府提出一个全面开发海南岛的计划，兴矿业是其中内容之一，光绪下诏委其为三品卿衔"总理琼崖垦矿事宜"。于是，胡子春创建了"海南侨兴有限公司"，在那大附近的西垒地方开采锡矿。随后，其他华侨也纷纷回海南投资矿业，据统计，从 1933 年至 1936 年的短短四年间，由海南华侨和归侨创办的以开采锡矿为主的各种矿业公司有 17 家之多，请领矿区 34 处，职工总数超过一万人。日本入侵海南后，以上各家公司均被迫停产。林缵春在大学期间回琼崖进行农村调查时，就对矿业多加留意。《琼崖考察记》记载：在儋县，"九月三日晨七时，（因区长忙于田亩调查）由区长派助理员某君导余往万发锡矿公司参观。该公司距此约二十里，到时由该公司派员指导参观。该公司于今年四月一日创办开工，资本三万元，现容工人三百余名。工人长工者，普通工资七八元，零工每担泥一仙计，每日约百余仙。矿区平坦，一部分系农田，所种之禾现尚欣欣向荣。矿藏入地深数寸五六尺不等，矿床厚数分或至一二尺。淘矿砂有二处，现拟再增设一处。淘水为利用天然水，费约三千元筑一闸以调节之。矿区广约六七千公亩，已开者约百公亩。矿之成分甚高，占百分之七十二，每月出矿砂八千担，其镕成矿砖者，每百斤现价大洋二百元。其获利之厚，诚足惊人。闻现有矿苗（那大一带）六七处，已着手开工者一处，将来如能陆续尽行开发，则其获利之雄且厚，岂可以百万计？"在海口，朋友韩宗浩技士引导林缵春参观了琼崖实业局中的各种设备，林彦廷还送给他琼崖的各种矿石。林缵春将它们记录在《琼崖考察记》中，并带回学校化验。这些调查资料成为他日后完成研究的基础。

第五章

逆境中的学者坚守

在解放军进入海南岛之前，林缵春因私到马来西亚麻坡清理家父遗留下的生意和探望亲友同学等。海南岛解放后，林缵春没有听从亲友劝告留在马来西亚，重新回到了新中国。此时私立海南大学已经停办，他被委任海南行署农林处技正（在海口，1951 年 2 月—1952 年 5 月），1952 年 5 月—1954 年 4 月调任海南黎苗族自治州农林科副科长（在乐东）。1954 年 5 月—1958 年 6 月又被调回海南行署农业处热带作物处任农业工程师（在海口），其间被划为右派，备尝艰辛，但是他矢志不渝，坚持科研。

一、艰辛的"右派"岁月

1949 年 4 月下旬，解放军渡过长江，一路南下，势如破竹，国民党节节败退，1949 年 12 月，解放军已经进驻雷州半岛及琼州海峡沿海地区，兵临海南岛城下。不过，此时的林缵春已经顾不上危在旦夕的时局变化，1950 年 3 月，因需要到马来西亚麻坡市清理家父遗留的生意（林缵春年迈的父亲于 1949 年回国，1950 年 8 月 23 日因病在故乡乐会去世），随带探望亲友同学，林缵春向当时的私立海南大学请假出国，这是他有生以来第三次到马来西亚。林缵春出国不久，即1950年4月17日，人民解放军开始进攻并迅速攻破国民党的琼州海峡防线，进入海南岛。4月25日，陈济棠乘飞机逃往台湾。5月1日，海南岛全岛解放。

此时，滞留在马来西亚的林缵春，面临着他有生以来最大的抉择——回国还是留在马来西亚？在马来西亚的亲友劝他留下，中化中学的同学甚至为他联系好了工作，让他去一所颇有名望的中学担任校长，有些朋友还表示愿意资助他创办一所学校，不过，林缵春心里惦记着他与同仁们辛辛苦苦、耗费数年心血创办起来的私立海南大学，放不下对他殷殷期待的海南大学农学院师生，于是，6月，当马来西亚政府一开通与新中国的通航轮船，他便迫不及待地搭乘上第一艘航船，回到了海南，回到了刚刚解放的新中国。

不过，等待他的不是热情的拥抱而是怀疑的拘留审查。1950年8月间，海口市公安局拘留了林缵春，拘留期间是严格的审查，让他交代在国民政府任职中的各种历史问题，一直到1951年1月林缵春才获得释放，时间约半年。

林缵春早于1940年在广东省建设厅工作时加入国民党，不过，担任国民党在海南基层组织中的一些职务是在抗日战争胜利后，即由广州回海南筹备私立海南大学期间。林缵春在自己向组织的交待材料中写道："在广东建设厅合作股任主任科员时，与单位同事集体参加国民党（1940年），一向没有参与活动及任国民党内任何职务，抗日胜利后1946年国民党党员证遗失，1948年下半年被广东省九区专署聘为'清剿设计委员会'委员（当时凡中上校长及所谓地方名流三百多人受聘，当时的报纸《民国日报》等均刊登姓名），该会成立时，曾参加成立大会，1948年底又参加一次会，会上均无发言，会后也并没有什么活动，同时海南行政区国民党党部通知当时在农业单位工作的党员开会，指定我任第十三区分部执委并兼书记，我当时表示不就，争执一个月之久，才以书面辞去（当时6人参加开会，有黄闻百、黄得范、朱峙公、梁锡贻、谢鸣珂和我自己，又指定5人当执委，除黄得范外都受指定为执委），从没有开过会和开展任何活动。与此同时，海南行政区国民党党部又聘为'文化运动委员会'委员，当时中上校长300多人都有名字在上面，也没有参加任何活动。同时海南行政区国民党党部又召开海口区分部以上一级会议，会上被选为执委（事后看当时国民党《民国日报》发表有名单才知道）。"林缵春最后自己反思："为什么反动职务都集中在1948年下半年？因为这个时期正是反动派临死亡的时期，垂死挣扎，便疯狂地发出聘书和扩充基层队伍，从个人一生历史看，只这1948年下半年构成历史犯罪问题，而1948年下半年这些反动职务又都（是）名义衔头而已。以上是解放前的个人问题。"新中国成立后，政府专门制定了政策，对在海外国民党军政人员中的回国人员，与起义的国民党军政人员同样看待，所以半年后释放了林缵春。

　　1955年下半年，全国"肃反补课"，林缵春又被拘留审查一年多。1958年6月，林缵春被划为右派，罪状是不满国家的"统购统销"政策，并以"反革命罪"被捕判刑8年。"统购统销"是"计划收购，计划供应"的简称，在新中国成立初期，中共中央为解决粮食、棉花、油料等主要农产品供需矛盾而实行的统一计划收购和计划供应的政策。1951年1月首先开始实行棉纱统购，1953年10月16日又作出《关于粮食的计划收购和计划供应的决议》，1953年11月15日又作出《关于在全国实行计划收购油料的决定》，1954年9月9日政务院第224次政务会议又通过《关于实行棉布计划收购和计划供应的命令》《关于实行棉花计划收购的命令》等。粮、油、棉统购统销政策的实施，对当时市场物价的稳定起到了保障和促进作用。林缵春被划为右派分子之后，先后在澄迈县仁兴农场、湖北省劳改场进行"劳动改造"。

二、编写《热带作物手册》

热带作物是适于热带、亚热带地区栽培的各类经济作物的总称，包括天然橡胶、木薯等工业原料，香蕉、芒果、菠萝、荔枝、龙眼等热带水果，椰子、油棕等热带油料作物以及槟榔、胡椒、咖啡等香料和南药等。中国适合热带作物的热带、亚热带地区面积约有 48 万平方公里，约占全国 960 万平方公里的 5%，主要分布在海南、广东、广西、云南、福建、台湾等地（约北纬 18°—24°），以及贵州、四川的干热河谷区域，尤其以海南岛和云南的西双版纳最为典型。

在海南行署农业处热带作物处任农业工程师的林缵春之所以编写《热带作物手册》，有其重要的时代背景。新中国成立之初，新成立的中央人民政府面临一个非常棘手的问题——西方国家对苏联等社会主义国家的橡胶禁运。起因是"二战"之后，苏联与以美国为首的西方国家逐渐进入冷战状态，尤其是 1950 年 6 月 25 日朝鲜战争爆发后，美国等西方国家对苏联、中国等社会主义国家实行经济封锁，橡胶作为能够制造飞机、汽车轮胎的战略物资遭到禁运。橡胶是一种热带植物，早期在东南亚的马来西亚、泰国等国大量种植，于是，苏联希望通过中国临近橡胶产地的地理优势帮助其解决橡胶问题。1950 年 11 月 21 日，斯大林致电毛泽东说："我们现在极其缺乏天然橡胶，以前，我们一向从英国人手里购进天然橡胶，现在他们连一点也不卖给我们。这就造成一种威胁，会使我们的汽车、飞机无轮带可用，同样使工业得不到橡胶制品。请求您通过私人商行或者其他适当途径购进天然橡胶并将其转售与苏联。最好能在近期内购进天然橡胶五万吨，我们照付一切费用。若能通过香港或其他途径采购，请分数批采购，每批八千至一万吨。"与此同时，新中国也面临着发展自己工业的问题，也需要大量的橡胶。面对这样的国内外形势，除了通过香港采购东南亚国家的橡胶，中共中央认为应该加快发展自己的天然橡胶基地。于是，苏联领导人斯大林又提出了由苏联与中国合作在中国南方发展天然橡胶的建议，很快中苏双方就签订了《中苏关于橡胶技术合作的协定》。1951年8月，周恩来总理委托陈云副总理主持召开中央人民政府政务院第100次会议，作出《中央人民政府政务院关于扩大培植橡胶树的决定》，决定在南方地区种植橡胶800万亩。1951年，广东农垦及海南垦殖分局成立，建立国营农场，开始种植新中国成立后的第一批橡胶，海南以其独特的气候环境迅速走上橡胶主产地的国家舞台。

1950年11月，陈云带领中苏专家调查组赴海南岛调查，认为海南岛气候完全适合橡胶树生长。第二年5月，苏联派出林业部副部长高尔丹诺夫带队的顾问团来华考察，确定在海南儋县和雷州半岛徐闻县发展天然橡胶种植。1950年10月至1951年初的4个月内，中央先后拨款21亿元专项资金支持海南岛天然橡胶种植业的发展。为解决劳动力和种植技术不足，中共中央采取了多种政策性移民措施：动员大陆转业干部和退伍军人奔赴海南，先后共计5万余人；1953年从浙江、广东和察哈尔调入地方干部1800余人，充实到海南行政、卫生和财务等各岗位；从全国各科研机构抽调科研人员，林业大学学生提前毕业参加植胶，1952年上半年中山大学等10所高校500余名师生分两批来到海南；动员具有植胶经验的华侨归国成为技术骨干，1952年至1960年共安置印尼、马来亚和泰国归侨6 000多人。在各方面的共同努力下，海南橡胶种植初见成效，为打破西方国家对我国的橡胶封锁起到重要作用。

此外，新中国成立后，像全国其他地区一样，海南也面临着发展生产建设社会主义的问题。1956年1月，中共中央为了迅速发展农业，加强新中国的社会主义工业化、提高农民以及全体人民生活水平，制定了《1956—1967年全国农业发展纲要》。在中央方针的指引下，广东省也随后制定了《广东省1956—1967年农业建设规划（修正草案）》和《海南区1958—1967年农业开发规划（修正草案）》，于是，像全国其他省市一样，广东以及海南全岛各农业生产合作社掀起了农业生产全面大发展的高潮，广大农民的生产热情虽然被调动起来了，但是农村工作者和农业生产合作社的技术员们对热带、亚热带作物的现代技术的知识水平却不高，制约着热带作物种植的发展。

在这个时代背景下，在海南行署农业处热带作物处担任农业工程师的林缵春为适应形势的需要，务求对新兴的事业能给以基本的科学技术指导，开始着手编印《热带作物手册》，以提供给各县农业技术工作者、农业生产合作社的领导者作为训练社员的参考资料。林缵春在介绍编写《热带作物手册》的背景时说：一是海南岛属于热带气候区域，各种热带作物四季都能生长，橡胶、油棕、椰子、槟榔、咖啡、剑麻、藿香、香茅、甘蔗、菠萝等，在岛上栽培已有几十年至千年以上的历史，即使新近引种的胡椒、可可等，也生长良好，且已开花结果，这些作物的产量、产值都很高。二是这些产品都是国家迫切需要的工业原料，或人民生活的必需品，也是对外贸易的重要物资。三是海南岛有大面积荒地、荒山适宜种植热带、亚热带经济作物。四是农村工作者和农业生产合作社的技术员们对热带、亚热带作物技术知识要求越来越迫切。出于以上多种考虑才编写的这本手册。

在新中国成立之前，中国关于热带作物的科学研究几乎是空白。1954年春，林业部领导下的"华南垦殖局"正式成立了"华南热带林业科学研究所"，广东、云南等热作省区也相继成立了相应的科研机构，广东省于1956年在原育种苗圃的基础上扩建、新建了7个育种站，但主要是服务橡胶种植。林缵春编写的《热带作物手册》除了指导橡胶种植之外，还涉及其他热带、亚热带作物的种植，可以说是服务政府中心工作、切合时代和社会需要的一部指导性技术手册。

1958年，林缵春完成编写《热带作物手册》，这20万字的编写量是在拘留审查的间隙完成的，对指导海南热带作物种植起到积极作用。他在内容提要中说："本书根据海南热带作物发展情况及需要编成，包括橡胶、油棕、椰子、咖啡、可可、胡椒、剑麻、香茅、槟榔、甘蔗、海岛棉、鱼藤、藿香、菠萝、苎麻等 15 种热带、亚热带作物。每种作物除一般地介绍它的经济价值、栽培历史、品种特性、适应环境、收获加工，以及病虫害防治外，都特别着重它的栽培技术，尤其是栽培技术中有关选种、育苗、定植、施肥管理等重要问题。本书除介绍实际经验外，并注重理论分析，故可供国营农场、农业生产合作社、农业技术工作人员在实际工作上之参考，也可供农业技术学校师生在教学上之参考。"《热带作物手册》的内容涉及橡胶作物（三叶橡胶）、油料作物（油棕、椰子）、糖料作物（甘蔗）、饮料作物（咖啡、可可）、纤维作物（剑麻、海岛棉、苎麻）、调味料作物（胡椒）、香料作物（香茅、藿香）、药用作物（槟榔、鱼藤）、果品（菠萝）等 9 类 15 种热带、亚热带作物，林缵春对列入手册中的热带作物的选择，主要是海南将要大规模发展的主要作物，正在引种或将要引种的不作罗列。每种热带作物的技术，林缵春首先着重总结本岛的实际情况及农民劳动创造的经验，加以分别取舍；该书草成后，在热带作物讲习班上进行集体讨论研究，再根据各地从事技术指导和生产的实际工作者的意见，综合整理修正而付印。林缵春编写的《热带作物手册》，由海南行政公署热带作物处出版发行，并付诸生产实践，对提高农业工作者种植水平、热带作物产量发挥了重要作用。

三、培育"庆南""科长"水稻

在新中国成立之前，水稻一直是海南岛民众的重要粮食作物，但是，由于海南传统的水稻种植水平十分落后，一年二熟，水稻播种期（早、中晚稻）由 11 月中旬开始持续至次年 7 月下旬，耕作技术粗放，不选种，种子混杂，施肥极少，甚至部分田不用犁耕，采用刀耕火种的方式，受台风、干旱、寒潮等自然灾害影响，产量低且很不稳定，1949 年亩产仅 66.4 公斤。新中国成立初期，海南岛水稻播种面积约占粮食作物面积的 75%，总产占粮食总产的 80% 以上，仍是海南全岛人民的主要生活资料和农业生产中的支柱产业。

新中国成立以后，在政府主导下开始逐步实行技术改革以提高农业发展水平，首先是选种、换种，并在海南农业试验场进行引种试验再大面积推广，在第一个五年计划期间（1953—1957），海南水稻由 46.63 万吨增加到 62.73 万吨，增长 34.5%，但是在 1958 年至 1959 年末"大跃进"时期，由于地方政府过度强调高产指标，放"高产卫星"，采取高度密植、深翻改土、推广粳稻、盲目施肥等违反科学的措施，导致水稻产量锐减，1959—1960 年水稻产量下降到 1952 年水平。1963 年，海南区党委做出重大决策，决定大规模学习其他地方先进经验，由农业处处长刘亲先、粮食科长张希龄、技术员周视正带领一批 600 人的社、队干部及技术人员到潮汕地区学习，并聘请 320 名潮汕顾问来琼传授农业生产技术，分布在 18 个县市，并在 1963—1965 年间，积极推广矮秆良种及潮汕高产栽培经验，结果平均每年亩产增长 10 公斤，20 世纪 70 年代单产已达 180 公斤左右。

1974 年，经过多年监狱、劳改的林缵春被遣返回琼海中原镇石头村的老家，相对恢复了一些自由，此时他已经年近古稀。命运给林缵春开了一个玩笑，从少年离家远走马拉西亚求学，青年在中山大学指点江山，却因世事变幻，祸福翻转，最后折回了原点。但是回到家乡的林缵春并没有气馁，据次子林承冠回忆："家父刑满后带着'反革命分子'的帽子回到农村，但他还不忘本行，努力地去搞农业试验田，都七十多岁的人了，每天顶着炎热的太阳到试验田中除草、施肥，还自己去积肥，搞火烧土肥等。幸好当时的大队党支书吴明贞同志顶住压力，支持家父搞试验田工作，多方帮助家父，多分给他口粮吃。这在那个年代，确实是难能可贵的。"小儿子林承鸿回忆："父亲在1974年恢复自由之后，继续坚持搞农业科研，甚至不惜回到琼海老家乡下，向当时的生产队要了一点地，在实验田种水稻等。"孙子林钟回忆："在农村中常受到当年叫工作组人员的非难，责令每个星期三都要到公社去汇报思想情况。听我爸说当年的大队书记到公社去为爷爷说情，说爷爷在农村搞试验田工作，曾成功地改良稻谷种子，使那时的亩产大有提高，很受人们的赞许。因此，公社领导就免去爷爷到公社汇报思想的苦事。我不知道这个大队书记是谁。我真感谢他在当年敢冒风险为爷爷所做的一切。"林缵春用最原始的方法，靠自己的双手搞水稻育种、栽培和植期试验，由于年纪大、长时间蹲在水田边工作不方便，他干脆在自家的庭院里、天台上，用大盆小罐培育水稻。白天他把盆盆罐罐搬到太阳底下，傍晚又搬回来。有时累得直不起腰，但他一直坚持，最终培育出"庆南""科长"两个生长期短、产量高的水稻品种，受到当地群众的称赞。

第六章

改革开放后的新生

"文化大革命"结束之后，林缵春迎来了新生。林缵春被摘掉"反革命分子"帽子，解除劳动监督，并安置在海南农学院工作，恢复其被划为右派分子前的工程师职称及其工资待遇。晚年的林缵春，很快抹平了伤疤，继续搞科研教学，积极向政府献计献策，参加中国农工民主党，忘我地投入到工作之中。

一、古稀暮年，壮心不已

1976年10月，我国持续了十年的"文化大革命"结束。"文革"给中华民族带来了沉重灾难，也给林缵春个人的人生造成巨大的伤痛和难以挽回的损失，从1958年被打成右派到1978年摘掉"反革命分子"帽子，也是林缵春从50岁至70岁搞科学研究的黄金年龄，整整20年，一个知识分子最辉煌的岁月却在监狱、劳改和劳动监督中度过了，空怀一腔报国志，欲哭无泪长叹息。

1978年9月11日，年至古稀的林缵春终于迎来他人生中最大的好消息，琼海县公安局通知，摘掉他的"反革命分子"帽子，解除劳动监督。1979 年 7 月 18 日，经广东省海南行政区中级法院以（79）刑监字第 53 号"刑事判决书"，撤销原判，正式予以平反。

1980 年 6 月 27 日，海南区党委批复安置工作，恢复林缵春被划为右派分子前的工程师职称及其工资待遇。中共广东省海南行政区党委会《关于林缵春右派改正问题的批复》琼复字〔1980〕13 号批复："区农办：关于林缵春错划右派改正的问题，经研究同意海南农学院党委及区农办意见，应予改正。按中央〔1980〕42 号文件精神，应适当安置工作，恢复其被划为右派分子前的工程师职称及其工资待遇，从批准之日起执行（被判为右派分子期间计算连续工龄）。"林缵春遂被安排在海南农学院工作，时年 72 岁。

1981 年，广东省人民政府确定了林缵春的教授职称，据广东省委文教办文件粤文〔1981〕117 号《林缵春同志确定为教授的通知》："省高教局、海南农业大专班：经省人民政府同意，林缵春同志确定为教授。省人民政府文教办公室，1981 年 12 月 10 日。"这在当时的海南是唯一的一个正高级职称。从海南热作"两院"走出的农渔牧部副部长何康对林缵春的学识和经历十分清楚，专门来信勉励他："希望您忠诚于党的教育事业，以丰富的实践经验，为发展我国的农业生产，实现祖国四化立新功。"中央拨乱反正的政策和各级领导的关怀很快抹平了林缵春的伤口："我们国家的征途沟沟坎坎，我们个人也不可能一帆风顺。我曾经被错划为右派分子、反革命，蹲过监牢。那个时候，我报国无门、欲哭无泪；人民受难，土地也遭殃啊！以后好啦，我被遣送回家劳改——就是在土地上埋头干活呗。有了土地，我就有了生命。我培育出了'庆南''科长'两个水稻高产品种，大受农民欢迎。现在更是好啦，人已解放，土地也要翻身。在人生赛跑路上，我跌了一跤。一看，许多人跑在前面，我哪有工夫伤感叹息，我怎么能不急追猛赶呢！"

国家农渔牧部和广东省部级领导的关怀与鼓励，重新激发起林缵春的雄心壮志，他不顾自己年事已高，立即把所有的精力投入到教学、科研和各种社会事务上。恢复工作后的他最强烈的感觉是时间紧迫不够用，想把耽误的时间补回来，在这一时期，他在许多场合劝勉别人利用好时间，如赠送采访他的《海南日报》记者邢诒迪一首诗："一寸光阴一寸金，寸金难买寸光阴。唯有与天争分秒，誓为四化立新功。"他在给海南行政区姚书记的信中说："我是一个七十高龄以上的人了，尚能得到党的关怀和信任，尽有生之年为党为国家为人民做点有益的工作，是何等的荣幸，何等的高兴！我时常感到光阴的宝贵，特别是上了年纪的我，真是一寸光阴一寸金。"他这样勉励别人，自己也是这样做的。

　　海南行政区领导也十分关心林缵春，希望他能发挥余热，为海南经济发展献计献策。1982 年 7 月 28 日，雷宇任海南行政区党委书记兼行政区公署主任，林缵春为筹备海南大学招揽人才给他写信；1983 年 8 月，姚文绪任广东省海南行政区委书记，林缵春为定安县农业经济、教育等方面问题给他写信。这一期间，林缵春相继担任了海南行政区政协筹备组副组长，海南大学侨联顾问，海口市农工党负责人等职务。1984 年受聘为定安县农业顾问，1985 年受聘为琼海县农业顾问。他不顾自己年事已高，不辞辛劳，亲力亲为，从他自己所列的 1984 年 1—3 月的"主要工作纪事"可见其忙碌之一斑：

　　　　1 月 12—13 日，到定安农校做学术讲演，并撰写《关于定安县农技校办学的几点意见》，向海南区党委书记姚文绪报告，又姚书记发信定安县书记和县长说：林教授是一位七十高龄的十分热心于海南建设的老教授，他所讲的一些意见，我认为很实际可行而又有远见。我建议你们请他为定安县农业技术学习、培训、推广方面的顾问。

　　　　1 月 18—19 日，出席海南生态学学会的学术讨论，在会上作题为《海南岛大农业建设的新设想》的发言。

1月20日，在海口出席《自学导报》顾问会议。

1月中旬，在农工党海口市党员大会上受奖。

1月下旬，参加在海口召开的海南果树学术会议。

2月9日，在海南区党委会议室内，姚文绪书记宣布：经省委会议通过为海南政协筹备小组副组长，并在当日参加第一次会议。2月22日又参加第二次会议。

2月21—22日，应邀请参加海南区杂优推广水稻，高产样板领导小组召开全区各县农业局长县长会议。

2月26日，受自治州邀请于27日下午在该州农业工作会议上作《如何发展自治州杂交水稻，提高产量》的学术报告。

2月25日，受定安县聘请为农业顾问。

3月3—4日，到定安县为该县提供该县大农业发展的意见。

3月10日，撰写《开发建设海南大农业与发展农业教育》，约8000字，向姚文绪书记建议。（《海南日报》3月28日发表）

3月，当选为农工党代表，在海口市出席全省第六次党员代表大会，代表于3月21日到广州参加大会（农工党）。

海南行政区书记姚文绪对林缵春十分敬重，希望他能对地方产业发展贡献智慧，同时也向市县地方政府领导推荐他，林缵春非常感谢领导的知遇之恩，知无不言，他在写给姚文绪书记的信中说：

姚书记：

　　承蒙垂青，鼓励我为定安县在农业技术学习、培训和推广方面贡献点力量，我是一个七十高龄以上的人了，尚能得到党的关怀和信任，尽有生之年为党为国家为人民做点有益的工作，是何等的荣幸，何等的高兴！

我时常感到光阴的宝贵，特别是上了年纪的我，真是一寸光阴一寸金。因此，当党交给我工作，无不与天争分秒，尽力而为。定安县的工作，我是十分关心的。近来我曾到了该县二次，看了早造杂交水稻的生长和农技学校。现有几点意见，提出请示：

（一）安安县大农业发展的规划，根据个人的认识应该是：造林第一。因为有了林就可以防风蓄水，为农、牧、渔、副、工、商各业创造适应的生长和发展的良好条件，巩固的基础。其次是粮食和蔗糖，有了粮食有了钱才可以改善生活，再加快发展生产。再其次是热作、畜牧、渔业、农产品加工等。要把经济活跃起来，就必须做到农、工、商一条龙。

（二）定安县农校的培训工作，应该根据全县农业发展的需要有计划、有步骤地进行人才培训。该校面积有千亩，大部分属坡地，也有一定的水面。已种下一些作物，生长良好，且已有收入，大有发展前途。我认为应该以该校作为全县大农业发展的实验基地，示范样板。因此，专业设置、教学方针、教学方法都应以该校农场作为教学对象（实验基地）。如教造林专业，就应从实践出发，先在农场进行造林。学制3个月，边上课、边育苗、边造林（应事前育好一批树苗），做到"讲""做"结合。学生40名，每人挖穴种树，平均每天10株，以80天计，共约32 000株，年培训3次，1年可造林达10万株。其他专业亦可照样。目前农场要进行规划，从下半年起实施。这样做，花了一些钱就可把农场的林造起来，学生也能学到手。既经济，又实际可行，怎不好呢？

（三）该校为适应当前迫切需要，计划从下半年起，定期二年制的训练班可暂时停办，集中力量多办短期培训班，视人力同时可开二个专业以上。

（四）该校属县教育局领导，经费由县教育局拨。1983年起省教育部门年拨5.5万作为补助经费，县教育局则用作工资开支，因而影响已建的教室等房屋停工，种植业、养殖业不能发展。培训班的经费是由县农业部门负担，但领导权则属县教育局。目前教师专业的不多，需要调整补充。县新领导班子对此尚未考虑，是否重视，如何处理，还需书记示意。

定安县农校办了几年，种了橡胶210亩，胡椒13.3亩，林木278亩，柑桔6亩，甘蔗5亩，水稻16亩，椰子220株，养牛27头，目前每年生产收入约1万元。海南全岛农业学校有：原海南区农学院（已并入海大）1所，仅区农校1所，自治州农校1所和定安县农校1所，共4所。但是除了定安县农校这样有基础、有作物收入之外，其余三所没有一所有农场、有基础。年年书本上课，黑板种田，空空洞洞，真令人伤心！至今还没有人了解，特别是直接领导部门，视若无睹。我年老了，知音者少，只能暗自叹息！书记来琼未久，各种情况未详，特此顺便奉告。

谨祝

健康！

林缵春

1984年5月6日

晚年的林缵春像焕发了新生，想要把积压已久的力量和智慧贡献出来。1984年《琼州乡音》记者施继援、何林波采访他："刚坐下不久，就不断有人找他：海南行政区政协筹备组派人来通知他去开会；海南大学侨联会成立，请他去参加；海口市农工党开会要他去讲话。人来人往，使他应接不暇。我们问：'您年纪这么大，工作这么忙，活动这么多，吃得消吗？' 他仰头一笑，说：'没事。忙，我倒觉得充实，觉得年轻。过去许多时间失去了，现在要把它追回来，在有生之年，多做一些有益于人民的事。'" 他忘我地工作，只是希望为海南、为国家多做一份自己的贡献。

二、加快海南农业发展的政策建言

早在中山大学农学院读书期间，林缵春就一腔热血地投入到海南农业发展的研究之中，抗战后他毅然放弃在广东建设厅的仕途从广州返回海口筹备私立海南大学，1958 年被打成右派之后仍然坚持水稻育种的研究试验工作，对建设和发展海南农业的一片赤子之心可以说是矢志不渝。1979 年平反之后，20 多年的牢狱、批斗、劳改没有让他意志消沉，心灰意冷，他对海南建设仍然热爱如初，立即投入建设海南的热潮之中。

20 世纪 80 年代初，林明江在海南行政区党委组织部先后担任落实知识分子政策办公室主任、青年技术干部处处长等职务，据林明江介绍，当时他的一项工作就是联系服务具有高级职称的知识分子。"就是在那个时候，我认识了林缵春教授。" 林明江对林缵春教授的印象依然深刻："那时候他已经 70 多岁了，每逢海南行政区党委组织部组织召开座谈会，他总会讲话，谈的都是如何开发海南农业、粮食生产、农业教育，推广杂交水稻技术，等等。""他经常说，看到海南农村群众生活穷苦，他于心不安。不讲这些话，他感觉对不起海南人民，对不起养育他的这块土地。"

这一时期，恢复工作的林缵春经常把海南岛和台湾岛相比，这两个祖国的宝岛都是建国后经济开始起步，他亲身见证了这一过程，而且海南的条件比台湾要好，他说："咱们海南岛的自然条件、自然资源真是得天独厚呀！它是我国的天然温室，热带宝地。它的面积虽然只占全国土地面积的 0.35%，但它的维管束植物种数占了全国种数的七分之一，乔木种数占了三分之一，兽类种数占了 21%，鸟类种数占了 26%。粮食一年三熟，亩产高的可达到四千多斤。这儿有丰富的地势资源，以及铁、钴、锰、石油等近三十种可以开发的矿产。水资源也很丰富，人均拥有量是全国人均的两倍。但是海南经济发展却远远地落在台湾后面，可惜呀，这双眼睛没有合作，也不对称！海南岛台风、地震比台湾少，光能、热能比台湾多。台湾可耕地只有一千多万亩，占土地总面积的四分之一。海南岛呢，耕地将近四千万亩，占土地总面积的四分之三。解放以后，海南岛虽然旧貌换了新颜，但比起台湾，经济上还差老远！几十年来，我们守着宝岛当穷人，好不惭愧！"林缵春希望海南人能够知耻而后勇，奋发向上。他给大家鼓劲："是的，几十年来，我们海南岛的工农业没有得到应有的发展，不但比不上台湾，也低于全国平均水平。但这不正好说明我们这儿潜力很大、前途无量、英雄大有用武之地吗？"他自己这样说，也是这样做的，《人民日报》记者刘衡这样形容林缵春当时的精神状态："开发海南的号角一响，海南大学农学部教授林缵春心里像烧了一团火，日夜不得安宁。七十五岁了，还不停地写文章、写书，到处开会、调查、讲演、献计、献策，多次被评为先进工作者、模范教师。"在恢复工作后不长的时间里，林缵春向海南政府提交了《开发海南与发展粮食生产》（1982 年 7 月）、《开发海南与开办海南大学》（1983 年 2 月 10 日）、《海南大农业建设的新设想》（1983 年 12 月）、《建立粮食生产基地，大力推广杂优发展商品粮的建议》（1984 年 2 月）、《开发建设海南岛大农业与发展农业教育》（1984 年 3 月 10 日）等多篇政策建言，继续为发展海南粮食、大学教育和农业等事业而奔走呼喊。

（一）《开发海南与发展粮食生产》（1982 年 7 月）

海南岛地处热带，自然条件十分优越，但是在新中国成立以后的国家战略方针下，海南以发展橡胶等热带作物为重点，大力营造热带林木，结果造成"粮胶"争地的矛盾，粮食产量不够，海南粮食不能自给，以 1979 年为例，全国人均粮食水平 600 斤，而海南人均 300 斤的占 27.14%，600 斤以上的仅占 3.4%，大大落后全国平均水平。"民以食为天"，粮食不足，会反过来影响橡胶生产，基于这样的问题，林缵春呼吁在服务国家战略背景下解决海南的粮食问题。他首先详细分析了制约海南农业发展的主要问题：一是水利，二是生态，三是生产技术问题，然后他又针对这些问题提出解决的方法：分两期解决，第一期是巩固提高时期，从 1983—1987 年，为期五年，不扩大耕地面积，只按原有水旱田 384.95 万亩（其中以水田 286 万亩为基础）提高单产。第二期是扩大发展时期，从 1988—1992 年，为期五年。按原基础水旱田面积只扩大到 1980 年的 385 万亩为止（水田 285 万亩，旱田 100 万亩左右）。一年两造播种面积稳定为 760 万亩。要求水利工程、农田基建在原基础上全部完成，保证旱涝保收。多扩大水利建设灌溉的土地面积则用于发展热作、油料、水果、蔬菜类等其他作物。

第一期主要解决的问题是：1. 加强水利设施。提高水稻产量的首要条件是水。林缵春计算：早稻亩需水量（包括蒸发、渗透等）约 380 立方米，晚稻约 460 立方米。1980 年旱涝保收面积全岛只有 111.92 万亩，1983 年至 1987 年，要求逐年完成到 248.51 万亩。这时期在原水利建设基础上着重进行维修加固、完成未完成配套、健全管理机构以及搞好农田基建等。2. 大力造林。由于重点发展橡胶，建国后大量热带天然林遭到毁坏，水土流失，环境破坏，造成洪水、旱灾等自然灾害严重，因此建议种植林木，恢复生态环境。他建议：苦楝树生长快，5—6 年可成材；竹种类多，用途广，又可防风；木麻黄生长快，耐旱耐瘠又抗风；其他如台湾相思、桉树以至生长慢的椰子、荔枝、龙眼等都可造林。木麻黄树、椰子树、竹子等可分多层次营造防风的混交林，由于生长有快有慢、有高有矮等不同情况，故较易成林。3. 建立粮食生产基地。1979年海南区农办依据选定基地的原则已经建办了45个基地，今后应该：①加强领导，组成科研小组，每年至少进行两次检查，总结经验推广（由海南区科委主办，指定区农业局、区农科所和海南农学院等单位组成科研小组）。②充实技术干部（现45个公社国家技术干部只有10名，三个公社还未设农科站），加强技术指导。1983年每个基地分配三名，1987年达到五名。③解决水利问题，五年内完成全部水旱田80.9万亩的水利工程设施和农田基建，保证旱涝保收。④协助制订5年生产计划（按以粮为重点，全面发展多种经营的方针制订），调整农业结构，建立合理的耕作制度，并拟订生产技术措施（特别是水稻），引用先进技术，逐年提高产量。⑤优先解决肥料、农药、良种以及先进生产农机具，等等，加快粮食生产发展。4. 设立种子基地。粮食生产基地必须领先抓好种子繁殖工作，大力推广，提高单产。有了好的种子，还必须保证纯、精、壮，才能发挥增产作用。种子基地可先建在现有的45个粮食生产基地里，由粮食生产基地组织队伍负责工作，再随着粮食生产基地的增加而建立。原则上是县建立良种场，提供原种，粮食生产基地繁殖原种，生产队或用种户再扩大繁殖供大田生产用。5. 改造低产田。海南全岛约有130万亩农田年两造亩产在500斤以下，若每亩提高产量50斤，则一年可增产6 500万斤。计划第一期深耕改土50万亩，可增产2 500万斤。全岛低洼易涝田约73万亩，主要分布于南渡江、万泉河出口两岸平原及其他中小河流出口沿海平原台地。由于堤围不健全或缺乏，台风雨季河水泛滥，常遭涝灾。又琼山东部有部分锅底田，由于出口较少，排水不良，也常受涝害，这些水田一般比较肥沃。70年代已初步治理47万亩，但标准较低，未配套完善，产量没有保证。计划第一期五年内在已初步治理的基础上进一步治理完善，保证稳产。估计每亩可增加收入 150—200 斤（等于夺回晚造受涝的损失），47 万亩年可增收 7 500 万斤。仅这二类田每年可增收粮食 1 亿斤左右。6. 发展农业教育。开发建设海南，发展粮食生产，中等农校尤要多办，办学方针也要大力改革。中等农校办学方针，重点应放在培养学生成为具有农业科学技术的实际农业生产者。课程应结合当地需要开设，包括作物栽培（粮食、经济、热作、果树、蔬菜，等等）、育种、土壤肥料、病虫防治、畜牧兽医、育苗造林、农产品加工以至木工、裁缝、理发，等等。教法是边讲边做。学生可学一门二门，学会了又可再学其他。教师有固定的，有临时聘请兼课的，社会上有一专长的都可安排适当时间请其讲授。校址设在粮食生产基地，以基地的大片土地作为农场，不但学生有广阔良好的学习环境，而且基地的环境也得以改造，各种生产特别是粮食生产也得到发展。学生来源：一是中学生，另一是一般农民，不分男女老幼。学制可分为两种：一种 1—2 年，另一种不定期。学会了就可结业，各自在农业生产方面从事劳动，贡献自己的力量，学校不负责分配工作，彻底扫除过去办学要负责分配当干部的旧习。7. 投资及有关政策。①投资：据调查报告，45 个粮食生产基地包括水利工程、农田基建、种子基地和肥料沼气基建等各项建设，共需投资 2 580 万元，加上粮食生产基地办学校 3—5 间，建校、设备、教职工工资和学生生活补助等约 100 万元，总共需投资 2 680 万元。建议将橡胶提成、税收提成的钱 70% 用于以上的投资就可解决而有余（全岛水利工程、农田基建、造林、热作等投资不计在内）。②粮价：要有保护价（像橡胶有保护价），超购和议价粮适当提高，稳定在每百斤谷 25 元上下。为促进粮食生产基地发展粮食生产，建议从国家每年调进 4.5 亿斤大米需付运费 5 000 万元（每斤大米运费约 0.10 元）中提一部分以议价（每斤 0.35 元）购买粮食生产基地大米 1 亿斤（约等于谷 1.43 亿斤）。③化肥：要按时按量调进化肥，全岛稻田播种面积 650

万亩，每亩计需化氮肥 40 斤、磷 30 斤、钾 10 斤，共需调进化氮肥 13 万吨，磷 9.7 万吨，钾 3.3 万吨，其中粮食生产基地农田 80.9 万亩，需化氮肥 1.6 万吨，磷 1.2 万吨，钾 0.4 万吨。肥缺时优先供应粮食生产基地。④奖励：规定高产奖励办法。从事水稻栽培、育种各种技术高，亩产千斤以上者，给予各种奖励。组织科研小组规定每年按早、晚两造到各地达到奖励标准者的田间进行检查，总结交流经验。

第二期的主要设施是：1. 增建粮食生产基地。按粮食生产基地的原则需要增建的基地有：文昌县的铺前、锦山、冯坡、潭牛四个公社，儋县的木棠、松林、兰训、峨蔓、三都五个公社。现有稻田 20 万亩，建设水利工程后可发展到 40 万亩。加上第一期 45 个基地共 54 个，农田共 120 万亩。第一年以 100 万亩一年两造播种面积 200 万亩，亩产 500 斤计，可达 10 亿斤，到第五年增加为 120 万亩，播种面积两造 240 万亩，亩产 500 斤计，可达 12 亿斤。基地的生产必须从多方面大力扶持，保证高产稳产。每建立一个粮食基地就设立一个种子基地，保证良种供应。2. 大力办基地农校。第一年从条件较好的粮食生产基地选建中等农校 5 所，到第五年扩建为 25 所，按每校招收学生 200—300 名，平均一年结业计，到第五年可培养具有农业科学技能的农业生产者 1.5 万名，加上第一期约 5 000 名，总共 2 万名。3. 适当扩大农田面积。据水利部门统计，1980 年全岛有效灌溉农田面积为 380.30 万亩，现在要求达到 385 万亩。除第一期计划五年已完成旱涝保收 248.51 万亩之外，剩下 140 万亩左右就是第二期扩建水利工程扩大农田灌溉的面积。这一工程必须于第二年完成。按总播种面积 760 万亩计算，第一年除基地 200 万亩外，余 560 万亩，以亩产 400 斤计，可达 22.4 亿斤，加上基地 10 亿斤，总共 32.4 亿斤，到第五年（即两期五年计划的最后一年——1992 年），再提高单产（采取普遍深耕改土，增施肥料，普及科学种田技术等措施），年亩产 420 斤，则可达 23.5 亿斤，加上基地 12 亿斤，总共 35.5 亿斤。到 1992 年全岛总人口约为

600万人，除公购粮、种子等外，人均口粮提高到500斤是不难的。

（二）《海南岛粮食生产基地调查报告》（1982年11月）

在海南行政区党委和区行政公署的支持下，林缵春率领团队从1982年10月中旬起对本岛重点粮食生产基地（基本上能够代表全岛不同地理和气候特点的县的基地）进行为期20天左右的深入调查。这次调查分两期进行：第一期从10月12日开始至10月20日止，先后调查了屯昌的枫木、南吕，定安的岭口，琼海的大路等三个县的四个粮产基地（公社），并深入观察了枫木基地的枫木洋，屯昌县沙地制种场和岭口基地的扶南洋、铁坡洋。历时9天，行程共计562公里。第二期从10月27日起至11月6日止，先后调查了琼中的湾岭、乐东的冲坡两基地和崖县的羊栏、儋县的洛基两公社（拟定为基地），并观察了湾岭新仔二队的山湖田，冲坡的新丰洋以及长芽水库和响水水电站。历时11天，行程达1 100公里。到各县时：①首先听取县农办、县农业局和县气象部门的领导同志或技术干部关于全县和粮食生产基地基本情况和气象情况的汇报；②接着深入基地调查了解有关粮食生产各方面的情况，如生产、肥料、水利、耕作技术和实行生产责任制前后农村生产所起变化等，并共同讨论解决存在的问题；③最后向县委和县政府领导同志汇报，并交换意见和提出建议。此外，还特别注意到杂交水稻的制种问题如经营管理方法和经营目的，在自治州提出书面建议同州委负责同志商榷。

1. 建立海南自治州杂交水稻联合制种公司。联合制种公司由州、县拨一笔资金作为基金，由副州长兼经理，州种子公司、州农业局、州粮食局、州银行等兼职副经理，并设会计、出纳、保管人员。县分公司、公社支公司同样设置人员。建立一支比较稳定的制种技术队伍，由三方面人员组成：①州、县农业局和种子公司抽调技术干部若干人作为技术骨干；②公社农技站技术干部作为制种辅导员，每一辅导员管理30—50亩；③培训具有一定文化、热心搞好制种工作的农业人员作为制种实际工作人员，每队 3—5 人，每人负责 10 亩左右，其他非技术性方面的工作由农民负责。有了稳定的制种技术队伍，就可以保证在播、栽、收、晒、藏等环节不易混进杂种，提高种子纯度。由于工作稳定，又能从工作中学习提高，制种技术队员们责任心强，工作积极，这对种子单产和质量的提高，大有裨益。公司建立初期参加公司的单位不改变原有经济体制和隶属关系，当公司健全后可以脱离关系，成为独立单位。

2. 加强粮食生产基地的建设和领导。建办粮食生产基地的主要问题还是在抓，还是在加强领导和扶持。从这次了解情况来看，所谓基地，仅仅在 1979 年分配一些化肥而已，除琼海大路基地拨款 10 万元修建水利外，1980 年以后，全部基地从未过问，徒具空名，有些基地，如定安黄竹基地已划入国营南海农场，陵水藤桥基地部分也并入国营农场。又如儋县是本岛粮胶产地，而儋县却没建办基地。所以建议今冬明春，先做好准备工作（该调整的调整，该选定的选定），从 1983 年起开始抓，大力抓。

3. 加强农业科技干部队伍的建设。目前存在的问题是，不但各县农业技术人员人数少，而且多数人不安心工作，仅定安多年来就有 18 人被调走，琼中也有 28 人被调走或改行，农业技术干部在农村基层工作苦，待遇微，社会地位低，领导照顾少，连临时工作，如搞征购粮工作也非干不可。工作回来又要自己做饭，缺乏时间学习。建议先派人调查了解掌握材料后，再召集各县举行全岛会议研讨解决这一问题。

4. 坚决刹住乱砍森林之风和大力发动人工造林。针对这种现象建议：①国家分次投资建立电路网，并降低电费，争取逐年解决人民生活用柴问题。②目前鼓励城市，如海口和各县城公家饭堂、饭店、招待所和个人改用柴为用电。由此减少用柴，仅以月计，其数量就不少，何况一年？③封山育林一定要严格执行，落实到公社。凡执行得力者予以奖励、表扬。如今年 10 月间，琼中县有人驾驶两辆汽车偷砍屯昌县林科所林木 20 多株，屯昌枫木公社书记陈书斌及时亲自出马抓人，并扣留两辆汽车，每辆罚款 300 元，人则交由司法部门处理。这种忠诚勇敢执行保护森林法令的好人好事，不但要大大奖励和表扬，而且还要多多报导，对教育群众、保护森林，具有积极作用。

5. 多开专家会议，听听献计献策。凡事要慎重考虑，好好研究，多召开专家会议，听听他们献计献策是好的。海南人才原来并不少，由于多年来外流，日渐减少是事实，虽少但用为献计献策，仍比不用为上。所以建议，今后有关本岛工农业生产问题，多召开专家会议，听听他们的意见。

（三）《海南大农业建设的新设想》（1983 年 12 月）

海南岛特殊的热带气候和自然环境，使其在国家农业体系中具有特殊的地位。林缵春认为：一是可以发展热带橡胶等热带作物，二是海南具有成为培育种子的南繁基地的优势，这是全国其他地区所不具备的，但是海南对这一优势尚未进行全面规划、科学管理，加上人为破坏，生态平衡失调，影响到海南岛这一优势的发挥，因此建议：

1. 建立一套完整的热带农业科学研究机构。海南必须建立一所热带农业科学研究院，可以在现有的海南区农业科学研究所的基础上，加以改革，充实人力，扩大业务，扩充设备，逐步建成一所具有代表性的先进热带农业科学研究单位。林缵春按照海南各个地区的不同气候、地势和农业生产情况，认为可以划分为 5 个热带农业区，每区设立一所热带农业科学研究所，各自负责研究发展本地区农业生产的特点，因地制宜，扬长避短，发挥各自优势。由热带农业科学研究院统一规划，领导全岛各地区分设的 5 个热带农业科学研究所。这样，建立一套完整的热带农业科学研究机构是十分迫切又十分重要的！热带农业科学研究一套完整机构确定之后，按地区、按情况，原有的这类机构，该合并的合并，该调整的调整，处理要迅速，要彻底，要令人痛快。县一级农科所只负责引种推广。有成果不推广或推广不出去，实则等于无成果，白浪费。我们过去过于重视科研而忽视推广，以杂交水稻为例，优势明显，产量高是事实，可是推广工作做得很不够。教学不一定要在课堂里，在田间指导农民也是教学之一，而且是有效的教学法。教学、科研、推广三者应结合起来，相辅相成，效益才大。所以，不但农业学校要教，科研单位要教，而且推广单位也要教。海南大学成立后农学院除培养农业人才外，还要与科研单位合作，共同搞好科研。搞科研的人也要与农业院校联系，充实提高教学内容，发挥互相间的作用，加速推进农业的发展。

2. 加强农业气象机构的建设。农业受风、雨、光、温等气象要素的影响很大，近世纪气象对农业生产确实起了指导作用。海南受大陆和海洋性季风气候的影响，又因地势复杂，所以气候与大陆各地大不相同。正因为如此，为切切实实地发展海南农业，使气象起指导作用，现有的气象体制和机构已是难以胜任了。必须一方面调整改革，一方面加强充实。在海南五个农业区，每区设置一个农业气象台属该区热带农业科学研究所。各县原有气象站一律改为气象哨。海南区气象台则改为气象总台，属海南热带农业科学研究院。从此，可以集中人力、补充设备，提高观测、预测分析水平，特别是气象总台要配备高水平人员主持其事。气象预报准确与否，一言之差，损失何止万金！

3. 加速水利建设和大力造林。首先是水利建设。水利建设应分期计划进行，可先在原水利建设基础上认真进行维修加固，完成未完成的配套设施，健全管理机构，然后因应急需要分期建设，建一宗，管好一宗，保证既成成果。其次造林。今天海南人工造林，可以分为两大类。一类是防风林，凡台风发生或常风大的地区都要坚持进行人工营造防风林。①防风林的树种要多种多样，有生长快的、慢的，有抗风力强的、弱的，有生长高的、矮的，有果树也有木材树，等等。苦楝树、木麻黄树、银合欢树生长快，抗风力较弱；台湾相思树生长慢，抗风力强；菠萝蜜、荔枝、龙眼、椰子等树生长慢，抗风力强，树冠美；竹种类多，根系发达，粗生、茎秆坚韧，抗风力强，生长快；母生木料坚固，再生力强，等等。②层次要多，一般5—6层，相隔相当距离又种一线。当风一层可种竹；二层种台湾相思树；三层种苦楝树；四层种木麻黄树；五层种母生树；六层种果树。亦可在一层中间种，种一种又种另一种。先种密些，长大后再疏伐。另一类是荒山荒岭造林。按土质、地势选择适合树种。原则上，一要密植、混交；二要管理好；三要种多种多样树种，好似造防风林一样，有生长快的慢的，有果树有木材树、柴炭树，等等；四要分段，落实到户到人。只要初期加强管理，中后期封山，成林后可以定期更生。

（四）《建立粮食生产基地，大力推广杂优发展商品粮的建议》（1984年2月）

海南岛粮食生产一直难以自给，每年需从大陆调进4.5亿斤大米，而海南岛有优越的气候条件却没有发挥出来，海南农作物一年可三熟，全国唯一，但是水稻两造，平均亩产不到800斤，倒居全国第一。这样的落差让林缵春十分痛心，因此他建议：

1. 建办基地65个，面积80万亩，发展杂优。粮食生产基地的选定，一般以公社为单位，从土地资源丰富、增产潜力大、水利过关三大主要条件着手。按海南岛当前条件，可分为两期建办。第一期从1984年至1985年，为期2年。从原有45个基地中择优先建办25个，稻田面积约44.5万亩。第二期从1986年至1988年，为期3年。主要从旱涝保收、光热条件优越、增产潜力大的地区着手选办。如崖县的崖城，儋县的和庆、木棠、松林、兰训、峨蔓、三都，文昌的铺前、锦山、潭牛，万宁的和乐、龙滚、后安、乐来等公社，都可考虑入选，大约40个，面积56万亩左右，加上第一期总共基地65个，面积100万亩，其中以80%面积（80万亩）种植杂优，1.5%～2.0%（1.5万～2.0万亩）作为种子基地，其余则种植常规水稻及其他作物。

2. 采取有力措施，充分发挥基地作用。①建立种子基地。良种是农业增产的重要因素，应在有条件的粮食生产基地里择地建立种子基地，从事提纯复壮、繁殖良种、杂交水稻的繁殖制种和引种试验等工作，并向一些粮食生产基地及一般农民供应种子。面积大小根据情况决定。种子必须保证纯、精、壮，才能发挥增产作用，特别是杂交水稻杂交一代纯度要达 99% 以上，发芽率达 90% 以上。②举办农业学校。主要培养具有农业科学技术的农业生产者。结合当地需要，凡有关农业生产、农村生活方面的课程均可开设，如各种作物栽培（包括粮食、热作、经济、水果、蔬菜等作物）、育种（包括杂优繁殖制种）、土壤肥料、病虫害防治、畜牧兽医、养鱼、育苗造林、农产品加工、农业机械修理以及木工、竹器、裁缝、理发，等等。学制分两种：一种定期，1—2 年。另一种不定期，课程比定期的少，1—3 门，学完就可结业。教法采取边讲边做，实践结合理论，但实践必须重于理论，使学生学了就会实践应用。学生来源一是中学生，另一是一般农民，不分男女老幼。学生可采取自费也可采取半工半读。学校就是粮食生产基地，基地就是农场，一切作业都尽量吸收学生参加，使其从实践中学到技术。教师有固定的，有临时聘请兼课的，社会上有专长的都可请其讲授，给予适当报酬。校舍和设备初办时简陋些无妨，只要办得出色，贡献大，自会逐年发展充实起来。③设立农业技术站。基地设农技站，不仅要配足技术人员，重点基地设有农校和种子基地的，更要加配能力强的技术人员，并配备设备。农校固定教师一部分须由农技站人员担任，把教学、科研和推广三者密切结合起来，既可提高教学质量，又可多创科研成果，推广成果。从而大大发挥三者的作用。重点基地农技站技术干部应有 10—15 人，一般基地可减少一半。

（五）《开发建设海南岛大农业与发展农业教育》（1984 年 3 月 10 日）

1984 年，林缵春再次对海南大农业建设中的问题进行研究，提出开发建设海南大农业中的三个问题：

1. 建立合理的耕作制度，提高粮食产量。根据全岛地理和气候等条件，大致可划分为东、南、西、北和中5个大农业气候区。在每个大农业气候区中，由于地理、土壤、水利等条件不同，又可再划分为若干个小区，分别建立各种生产基地。（1）东部地区——包括琼海、万宁全县和接壤琼海的文昌南部以及靠琼海的定安部分地区。可建立粮食基地（琼海、万宁），椰子基地（文昌、琼海），槟榔基地（万宁），橡胶、胡椒、咖啡基地（万宁、文昌），南药基地（琼海、万宁），海藻养殖基地（琼海、文昌），用材林基地（琼海、万宁），菠萝基地（文昌）。（2）南部地区——包括陵水、崖县和乐东三县。可建立粮食基地（乐东），南繁基地（崖县、陵水、乐东），橡胶基地（乐东），椰子、槟榔基地（陵水、崖县），瓜菜、洋葱基地（乐东、崖县），芒果、腰果基地（乐东），油棕基地（崖县），竹林基地（乐东），热带珍贵用材林基地（乐东、崖县）。（3）西部地区——包括东方、昌江、儋县和接壤儋县的临高部分、接壤昌江的白沙部分、接壤儋县的澄迈部分。可建立橡胶基地（儋县、东方），芒果、腰果基地（东方、昌江），甘蔗基地（儋县），茶叶基地（白沙），西瓜基地（昌江、东方），竹林基地（东方），热带水产基地（儋县），太阳能基地（东方）。（4）北部地区——包括海口、琼山和接壤琼山的文昌北部、定安北部、屯昌北部、临高北部和靠近琼山的澄迈大部分。可建立甘蔗、菠萝基地（文昌、琼山、澄迈、临高、屯昌、定安），粮食基地（定安），椰子基地（文昌），茶叶基地（定安），荔枝等热带水果基地（琼山），槟榔基地（定安、屯昌、澄迈），油棕基地（澄迈），红树林基地（琼山、文昌），蔬菜基地（海口、澄迈），咖啡基地（澄迈），用材林基地（澄迈）。（5）中部地区——包括琼中、保亭、通什和与琼中接壤的屯昌大部分、白沙大部分、澄迈部分。可建立橡胶、槟榔基地（保亭、琼中、屯昌），茶叶基地（通什），南药基地（保亭、屯昌），热带珍贵用材林基地（琼中、保亭、屯昌）。

2. 建立多种多样的农、林、牧场，发展多种经营，提高经济效益。

全岛约有千万亩荒坡荒地，大可建立多种多样的农场、林场、牧场。农场可以一两种作物为主，发展粮食作物、经济作物、果树、畜牧、养殖等等，林场可营造各种树林如木材林、薪炭林、果树林、竹林等，以几种树种为主，结合其他多种树种，发展成为混交林，并兼发展其他作物、畜牧等，亦可以橡胶、油棕、果树、椰子、槟榔等其中一两种为主，发展菠萝、茶叶、咖啡、南药、花生、粮食等作物。热作农场可以咖啡、胡椒、剑麻、菠萝等其中一两种为主，发展林木、水果、农作、养兔、养蜂、养猪和鸡、鹅、鸭等。畜牧场可以牛、羊、猪、兔、三鸟等其中两三种为主，发展农作、经作、热作等。

3. 发展农业教育特别是中等农业教育。海南岛农业教育不仅落后，而且落后到十分可怜的地步。全岛 18 个县（市），只有海南行政区农学院一所，名为农学院，实际上是农业大专班。由于领导不得其人，办了 6 年，校址还没有着落，既无农场，设备又简，其他可想而知。现在海南大学已成立，该学院并入大学，必须大力改革，充实教师、设备，才能负起为海南大农业建设培养真才实学人才的重任。至于中等农校，全岛只有三所，汉区一所、自治州一所和最近经省府批准备案的定安县一所。仅仅这几所农校是远远不能适应海南岛大农业建设的迫切需要的。为适应当前的需要，不仅每县应各设一所，而且办学的方针也要从实际出发。

三、筹备新海大，教书育人

1980 年前后，随着知识分子政策的落实和知青回城，海南出现了历史上少见的人才流失现象，于是建立一所综合大学、培养大批扎根于本土的人才一事重新被提上海南行政区的日程。1981 年 2 月 20

日，中共海南行政区委员会召开会议，第一次正式提出筹办海南大学。1981 年 6 月 20 日正式成立了"海南大学筹备委员会"，经过二年零四个月的紧张筹备，各方面工作基本就绪，经国务院批准，于 1983 年 10 月 5 日，在海南行政区党委礼堂举行海南大学成立暨首届学生开学典礼大会。

林缵春是新中国成立前私立海南大学的筹备者之一，对重新复办海南大学，心中自然百感交集，虽然已是 70 多岁高龄，仍十分关心海南大学的筹备工作。1983 年 3 月 2 日，林缵春向海南行政区雷宇书记写信，反映海南大学筹办中存在的问题："一、海南大学是新的机构，但是它却是由三个旧的单位组成，如果旧的单位不大力改革，原原本本地合并组成，那就只会等于金玉其外，徒具空名而已。人是决定一切的因素，不得其人，什么也等于空。海大开办伊始，用人要慎重，先打好基础，否则，再来改革，既伤元气又添麻烦！二、海南正在开发，大学教师、领导，得其人，则不但为海南开发建议献计献策起参谋作用，且亦为海南开发建议培养真才实学人才。不然，则两者俱失，反而负上一大包袱！教师可以公开登报或其他方法招聘，或直接向教育部请求设法解决，相信是不会落空的。"因此，林缵春随信附上《开发海南与开办海南大学》（1983 年 2 月 10 日）一文，向海南行政区政府献计献策：

"一提起海南岛，人们就会联想到台湾。因为海南岛位置险要，是我国南部之要塞，广东、广西之门户，与台湾曾被西人评为中国之两眼。然而海南岛蕴藏富饶却甲于台湾，而今还是一处女之地。

解放后，'要大力开发建设海南'，喊了二十多年。海南要不要开发？开发需要资金和人才。资金重要，人才更重要。因为财富是由人创造出来的。日本占据台湾时期，为了开发台湾，一是设立大学，二是投下一笔开发本钱（母金）。共投下本钱不多，仅三千余万日元，分为九年，每年投下三百三十八万日元。仅九年间，日本之对外贸易，台湾与日本之移出移入额，就达二十亿余日元。由此发生纯利，按最低的百分之十五计算，也有三亿多日元，几乎为投下本钱的十倍，收益之大，令人惊奇。海南岛自然资源丰富，可以说是满地黄金。只要有人才，开始投下少量资金作为本钱，前途就可大有作为。无数实践证明，人才是极为重要的。目前海南岛的科技力量如何？据了解，工业系统方面，科技人员仅占职工总数的百分之一点零四三，而全省、全国则分别为百分之一点七六和百分之二点八。全岛高中教师合格率为百分之三十，全省为百分之四十，全国为百分之五十，农业系统方面，科技力量更为薄弱，全岛平均每一万名农业人口中才有科技人员三点五人。热作方面的科技人员，尤为稀缺。地方热作系统科技人员只有一百三十人，仅占总劳力的百分之零点三。人才是推动事业的主要动力，犹如机器之发动机，是开发建设海南的最重要因素。十年树木，百年树人，人才是培育出来的。开发海南单靠聘请外来的专家、学者可以吗？这一浅显的道理，谁都知道是不行的。所以，为了开发建设海南，开办海南大学，就地培养人才，实为当务之急。

海南办大学，于1981年春，海南区党委早就作出决定了，中央和省政府也批示同意了。这是值得庆贺的。但是海南大学筹办至今一年多了，仍无建成。几个月前省高教局黄其江副局长才极力主张集中办学好。其好处是：一、可以节省基建投资；二、可以节省大量教育经费；三、有利于提高教学质量和学术水平；四、有利于展开科学研究；五、有利于把海南大学办成海南岛的教育中心和科研中心；等等。他们列举了欧美各国的办学经验时说，解放后我国的高等教育学习苏联进行院系调整，才分散改办为单科的学院，使我们吃了亏，走了弯路。外国办大学的教授，专家来广州参观访问，他们都批评我们，说中国各方面都聪明，但分散办学，这一点就不聪明了。集中办学集中到怎样的程度，是另一问题；但是集中办学的优越性是应该肯定的。我们今后应该走这一条道路，是毋庸置疑的。

　　关于校址问题，我在 1981 年就向海南区党委领导同志提出选择校址要从长远设想，十年树木，百年树人，校址是根基，很重要。若选择不当或图目前之便，一时迁就，那将给日后带来重重困难之苦。海南大学是一所综合性的大学，校址面积要大。据香港和美国一些办大学有经验的教授、专家的意见，没有三千亩土地不行，有条件多要一点更好。因为社会主义建设前途是远大的，办一所大学需要考虑百年大计，要给后人留点发展余地。现在大学校址已选定海甸地区，以广东水产学校四百亩为基础，再在其周围征地二千六百亩，海口市委表示大力支持。海口是海南岛的政治、经济中心，海南大学是海南岛的一所综合性大学，随着发展，将成为海南岛最高学府、教育中心和科研中心，因而使海口成为海南岛的政治、经济和文化三者的中心，更有利于对国内外学术和文化交流。海口是海南岛的首府，海南大学办在这里是十分恰当的。海甸这块地方有其优越性，也有其不足之处。广东建筑设计院主任工程师陈溢芬的意见，认为是优越性大，不足之处小，如存在地势偏低，防海潮和地质等问题，只采取必要的技术措施是完全可以解决的。就目前海口实际情况分析，要找尽善尽美的三千亩这么大的面积，确是不容易的事。据说，最近省建委领导同志亲临海甸视察海大校址时，看到海南区党委、区公署选定海甸三千亩地作为海大的校址，很满意，认为海大有这样一块好地址是省内各大学难以比拟的。

　　据了解，中央教育部原则上同意海南大学正式开办的主要精神有两点：第一、海南大学的性质。确定海南大学是一所综合性的大学，同时又是一所面对海南就地招生就地分配的大学，海南大学既招本科班，也招专科班、进修班及各种时限不同的干部训练班。总之，海南大学是一所为海南培养四化建设人才的大学。海南建设需要什么人才，就培养什么人才。教育部还勉励海南大学要办成高质量的全国第一流的大学。第二，海南大学的规模问题。教育部同意海南大学采取集中办学的方针，大学下面设农、医、工和师范四个学院。另外搞几个直属系，即财经系、政法系和海洋系，总共 29 个专业。同时指出海南大学 1990 年以前要达到在校学生四千人，而 1990 年以后还要发展到在校学生六千人。教育部对海南大学的期望何其殷切，这是多么振奋人心的大喜事！

办海南大学不能脱离开发和建设海南的实际。按当前实际需要出发，我的意见是以办农、医、工商和文理四个学院为适当（这个意见，1982 年 4 月我已向海南区党委提过。随着形势发展，当然还需变更和扩充）。海南对外开放政策放宽之后，工商业逐步发展，急需工商业人才适应其需要是无可置疑的。所以必须设立工商学院。随着形势发展，工、商可分设独立学院，文理学院由于既可造就师资（可加教育系课程），又可造就各种专门人才，比师范学院专一培养师资作用大，所以应设立文理学院。条件具备时，文理也可分设学院。医学院要创造条件办五年制本科，以适应形势发展。海南岛是个宝岛，宝在哪里？渔、盐、矿产之利，固不待言，而最突出的是自然气候条件优越，得天独厚。所以开发海南，重点放在农业，特别是热作，是毫无疑问的。因而办学院必须另眼看待，领导、师资和设备等必须优先考虑。农学院应设农学系、林学系（热林在内）、热作系、畜牧系、农田水利系和水产系。"农业是我国国民经济的基础，只要农业上去了，其他事情就比较好办了。"因此，农学院的办学要旨，必须以"教学""科研"和"推广"三者相结合，同时并重，发挥相辅相成、相得益彰的作用（过去对科研、推广，特别是推广重视不够，因而对农业生产发生作用不大）。农学院应加强应用科学的研究，要适应海南开发建设的需要。既要培养优秀的农业人才，又要多出科研成果，更要大力推广科研成果。出不了科研成果，或出的科研成果推广不出去，都等于没有成绩和贡献，而培养的人才亦只等于纸上谈兵。最近教育部提出改革高等院校的要求也正是这样，是值得注意的。

最后的结语有两点：一、海南大学必须集中办，在当前的实际情况下，更要集中办。集中办既节省人力、财力、物力，又有利于提高教学质量和学术水平，为何不好？汕头大学和海南大学同时开始筹办，现在汕头大学基建工作已筹备就绪，定于三月份破土动工，今年秋季开始招生。海南大学也定于今年秋季开始招生，这是最好不过的了。二、办学应重在质量。中央教育部对海南大学的要求是要办成高质量的全国第一流的大学，这很重要。我于 1981 年 7 月在《开发海南与发展粮食生产》一文中曾这样提出："办学应重在质量，不讲究质量等于虚设。若领导非内行，教师又滥竽充数，则不但浪费财力、物力和宝贵光阴，不能为国家四化建设培养真才实学人才，于四化建设不利，而且将给整个社会带来不少问题。"为加速开发建设海南，中央对海南大学，不但要求在人力、财力、物力方面大力支持，而且大学的教授和主持人也要求直接设法解决。最近中央教育部对全国高等院校的改革已是势在必行。海南大学开办伊始就必须按照中央的要求，切实办好。开始办不好，草率从事，任意用人，将来再来改革，那就更麻烦了，宜慎之！"

除了献言献策，林缵春还积极为新创办的海南大学罗致人才，为了林守中副教授的事情专门写信给海南行政区雷宇主任。

雷宇主任：

近接林守中副教授复函，对您对他的关怀，表示感谢，并嘱代为致意问好。守中副教授并非海南人，但对海南大学的建设十分关注，这种热爱教育，关心海南建设的精神，殊堪钦佩。海南大学设立的重要性，及其主持人的重要性，您是深有体会的。守中副教授表示披诚协助，为大学罗致人才是出诸至诚的。我过去也曾几次为此向您提过浅见，目的亦即在此。暨南大学复办以来，由于存在不少问题，梁灵光省长兼任校长后，为了办好暨大，经过二三个月的深入了解，提出首先解决的问题是人事，于是采取大刀阔斧的方法，解决了长期存在的人事问题，获得全校员生雀跃欢呼，额手称庆。海南大学自去年成立以来，时间不长，但问题发生与日俱增，看形势颇令人担心！主任交游广，结识学者多，请为此早日操心着想。林书记在中大读书，必要时是否也请其在中大或其他学校代为物色。并随函附上林守中副教授复来原函，请以后交回是盼！

谨此致

敬礼

林缵春
一九八四年四月廿八日

林缵春也十分关心学生的教育和成长，1983年7月14日，他在海南农学院毕业生的毕业典礼上讲话，教导即将毕业的学生如何爱惜青春：

"同学们！今天举行'83农学系七、八班和牧医系四班毕业生毕业典礼大会，全院教职员工、同学们，人人高兴，特别是毕业同学更高兴！勤奋埋头苦学了三年，今天毕业了，怎不高兴？全国农民尤其是海南农民，又多了一支新生有力的农业技术队伍，哪个不感到高兴呢！我曾经在这里向同学们说过，同学们在校学习三年，年年学习好、成绩好，人人高兴，举行毕业典礼时来个更高兴，今天实现了。因此，我在高兴的同时，特向毕业同学们致以热烈的祝贺。

今天我要讲的是"如何爱惜青春"。青春一般解释是青年时代。青年时代犹如春天一样，春光明媚，春色宜人，是多么令人喜爱的呵！同学们正如春天，也是令人多么喜爱的呵！为什么会令人喜爱呢？《论语》有一句"后生可畏"。指的是年轻的一辈，是可敬畏的，令人佩服的。因为他们的前途远大，大有作为！这是人们对青年人寄托的期望。

犹如父母对自己的子女寄托的期望一样。是不是个个后生可畏呢？大有作为呢？那就得看你们是否自己爱惜自己的青春。你们在校三年，党和国家爱惜你们，你们的父母亲友爱惜你们，学院领导和职工干部们爱惜你们，特别是教师辛勤地教育你们、爱护你们，为什么会这样呢？正是因为对你们寄予后生可畏大有作为的期望！但是究竟怎样呢？时间已过了三年，你们是不是体会到人家这样的爱惜你们呢？是不是自己也爱惜自己的青春，好好学习，积极学习，争取大有作为呢？如果不是这样，那就对不起了。请你们好好反躬自问！

现在你们就要步出校门，走入社会为海南农业建设贡献你们的青春了，师生今后见面的机会要少了。为了爱惜你们的青春为海南农业建设多做贡献，特向你们赠送一件礼物。什么礼物呢？不是什么山珍海味，也不是什么黄金宝石，而仅仅是下面这些话。

你们在校的时间短，学习的东西少，在社会的时间长，学习的东西多。为什么有些同学在校学习成绩好，出校工作反而不好呢？为什么出校后有些同学的社会地位很高，贡献很大，而有些同学却杳无声息呢？无他原因，一个是不爱惜自己的青春，放弃学习，而另一个则是爱惜自己的青春，不但继续学习，而且快马加鞭，加倍努力学习。

人生要有志气，要有雄心壮志，为人民服务振兴中华的意志。胡耀邦同志说："现在我们每个人都要准备写自己的历史，写自己1981年以后的历史，八十年代的历史。要振兴中华，不能靠口号，要靠我们的实践。"又有人说："没有种子不开花，没有知识难当家。"要实践，要当家，靠的是什么？一是知识，二是知识，三还是知识。因此就必须爱惜自己的青春，勤奋学习，充实自己的知识。一个人有没有志气，一看就可以知道。有志气的人，好像春天一样，生气勃勃，到处令人尊敬，令人觉得可爱。有志气的人，就有青春，就有"有所作为"。没有志气的人也就没有青春，没有有所作为。我们不要以为他年轻力壮，有青春，可是他呢，犹如日落西山，暮气沉沉，也许像没气的皮球，软绵绵的。这样的人，有青春吗？有所作为吗？

知识就是力量，才学就是本钱，我们的党、国家、人民需要的正是这种力量，这种本钱。因为这种力量和本钱可以创造财富，民富国强，振兴中华。在分配工作当中有一部分同学请求到自治州去，很好，值得表扬，但有些同学则思想复杂，想这想那。有的不想到公社去，有的不想当教师，为什么？海南岛是我国的宝岛，开发建设尤其是大农业的开发建设正在起步，哪个单位、哪个地方不需要我们学农的人呢？只要自己有的是力量是本钱，到哪个单位、哪个地方去还有什么问题？你们有志气吗？有青春吗？

有志气的人，一生永有青春，青春不在于年龄，而在于思想。《后汉书·马援传》："丈夫为志，穷当益坚，老当益壮。"曹操有诗云："老骥伏枥，志在千里。"今天全国人民人人要振兴中华，宝岛的海南岛大农业建设正在起步，正是你们大有用武，大显身手，大有作为的良机，你们还在想什么？

古人云："羽毛不丰足者，不可以高飞。"你们要高飞吗？要为祖国特别是海南农业建设多做贡献吗？要做一个有意义、受人人尊敬爱戴的人吗？要做，恳切地希望你们要做。因此，我把上面说过的那些话，综合简化为六勉四诫，当作一件宝剑——小小的礼物，双手奉赠给你们，永远留作纪念。

六勉：（1）学而时习之，不亦乐乎？（2）书到用时方恨少，事非经过不知难。（3）知识在于积累，天才在于勤奋。（4）要永葆青春，活到老，学到老，七十、八十还学巧。（5）人生的一生是奋斗的一生，只有奋斗，前途才无止境。（6）山虽高，只怕志气坚强的人。

四诫：（1）不要装饰你的衣服，而要武装你的智慧。（2）不要终日忙忙碌碌，糊里糊涂，得过且过了一生。（3）不要做公子哥儿、千金小姐，逍遥自在，只讲生活，不讲工作。（4）不要目光如豆，利令智昏，名臭千秋万代。

今天我很高兴，但不是大高兴。大高兴还在于你们接受我的礼物，努力苦干，奋勇前进，为海南农业建设取得优异的成绩，光彩的成绩，令人鼓舞的成绩！同学们，我们正在拭目以待！最后，祝贺你们身体健康，大阔步前进吧！前进吧！"

林缵春虽然遭受了二十多年的不白之冤，但是对国家没有失望灰心，仍殷切地教育学生要爱国，在课堂上他对学生们讲："有志气的孩子不嫌家贫，而是要改变它。我是琼海县人，到马来西亚住过三次，住住就回来了。'美不过家乡的山，甜不过家乡的水'啊！1931 年，我考进广州中山大学农学系，就创立琼崖农业研究会。主办了《琼农》月刊，出了四十八期。我毕业论文的题目就是《琼崖农村》，还写了《海南岛的产业》等书。海南岛是我生活的轴心，我始终围着它转。"他鼓励学生多学习知识，"我们在旧社会学农的备受歧视，空有凌云壮志。你们是生在好时候了，能够大有作为了！'羽毛不丰者不可以高飞。'你们想高飞吗？想为海南岛多做贡献吗？想做一个生活有意义、被人尊敬、爱戴的人吗？第一要有知识，第二要有知识，第三还是要有知识！'一寸光阴一寸金，寸金难买寸光阴。'你们要珍惜青春，与时间赛跑，吸收知识营养来丰富自己的羽毛啊！"据林明江回忆："当时在海南大学任教的他，对他的学生要求也非常严格。他要求学生要热爱农学，要利用大好的时光，立志为海南社会多做有意义的事，这样才能受人尊敬。"

晚年的林缵春像一个不知疲倦的斗士，在课堂上、在书房中、在田野里拼搏，在试验田里搞实验，在书堆里查资料，著书立说。在恢复工作后不长的时间里，林缵春编写了《水稻的生长发育与栽培技术》（1983 年 3 月海南行政区公署农林办公室印本）、《水稻高产栽培技术》（未成稿）、《海南岛的农业》（未成稿）等，约 40 万字的科研成果。可惜，天不假年，1986 年 3 月 1 日凌晨，林缵春因病医治无效逝世，终年 78 岁。

结 语

　　林缵春生于清王朝末世和西方在华殖民时期，幼年成长于民国时代，少年求学于马来西亚，纷繁复杂的社会背景让他在接受传统文化的同时也深受民国、西方等新思潮、新知识的影响，大学时期已成长为一位深具家国情怀的青年。20 世纪 30 年代，他在国立中山大学农学院求学期间，便积极组织志同道合的琼籍师生成立了琼崖农业研究会，旨在"研究农学、革新琼崖农业、改良琼崖农村"，便已经袒露出一颗爱国爱民爱乡的赤子之心。1936 年宋子文视察海南，在广州的林缵春献上《开发琼崖意见书》，提出建立"开发琼崖研究会"，发展交通、农林、水利，改良农村，化黎，巩固国防等多项建议。1946 年，当时在中央和广东的琼籍政要为发展海南教育，决定筹备私立海南大学之时，林缵春又毅然放弃在广东省建设厅的工作，携妻带子，投入到服务海南教育的事业当中，并再次回马来西亚、新加坡，向华侨筹款，经过与众人的一起努力，最终筹备起来海南农业专科学校和私立海南大学。1950 年，当解放军登上海南岛成立人民政府后，在马来西亚的林缵春又放弃留在南洋发展的机会，毅然回国，要把自己的才智贡献给祖国。新中国成立初，林缵春因国民党党员的身份和任职被拘留审查，1958 年又被错划为"右派""反革命分子"，受批斗、蹲监狱、劳改，1974 年又被遣返老家石头村，时间长达 20 年。在饱受打击、报国无门之时，林缵春在逆境中仍然坚持搞科研、做研究，写出《热带作物手册》，培育出"庆南""科长"两个生长期短、产量高的水稻优良品种。1979 年平反后，林缵春被聘为海南农学院教授，他不顾自己年事已高，立即把所有的精力投入到教学、科研和各种社会事务上，他说没有时间叹息，只想把浪费的时间补回来。在古稀暮年，壮心不已，多次就海南农业发展问题向政府献计献策，殚精竭虑，贡献才智。纵观林缵春一生，其爱国爱乡之情怀，赤胆忠心，矢志不渝。

林缵春生活在海南岛热带地区，少年时到马来西亚求学，亲眼看到东南亚地区热带农业作物在现代工业社会中的技术和价值，因此青年时期便立志学习农业，后考入国立中山大学农学院，志在开发和发展家乡的热带农业。事实也证明，他把一生的精力都奉献给了海南农业。林缵春对海南农业的贡献主要集中于以下几个方面：1. 推动成立琼崖农业研究会。琼崖农业研究会创办《琼农》月刊、出版《琼崖农业研究会丛书》，组织会员深入海南农村调查，获得大量有关海南农业与农村状况的资料，并向政府献计献策。琼崖农业研究会是当时专门研究海南农业资源与开发的一个重要学术团体，对海南岛开发尤其是农业开发起到了很大的宣传与鼓动作用，同时也开启了从农业理论到技术的变革，对海南农业的发展与革新展开全面研究的进程。2. 丰硕的农业科研成果。林缵春针对海南农业方面的研究成果十分丰硕，总共发表论文 38 篇，翻译外文 9 篇，著作 4 部，另外还有多篇政策献言，未出版的著作等，代表作有《琼崖农村》《海南岛之产业》《水稻的生长发育与栽培技术》等。3. 培育"庆南""科长"等良种水稻，对促进地方水稻种植发挥积极作用。4. 筹备海南农业专科学校、私立海南大学和农学院，对促进海南农业教育，培养海南农业人才作出了积极贡献。5. 编写《热带作物手册》，向海南民众推广热带农业种植技术，提高农业产量。6. 向政府献计献策，制定农业发展规划和政策。早在组织琼崖农业研究会时他就向广东省政府建议发展海南农业教育，

1936 年宋子文考察海南时又献言《开发琼崖意见书》，改革开放后又向海南行政区多次献言，为政府制定相关政策发挥了积极作用，等等。当代台湾海南籍学者王会均先生评价说："林缵春先生以毕生精力，从事海南开发与农业改良，以农业教学与试验研究工作，著名粤琼，深获学界注重与赞誉。就其生平事迹及著作言之，益显得才华之渊博，更足以吾海南后辈之矜式。"林缵春的研究成果"非仅是农学珍贵文献遗产，同时亦系研究海南农业问题，不可或缺资源与借鉴，深值得农学界暨邦人君子重视与珍惜"。评价可谓十分中肯。

林缵春 71 岁时（1979 年），自 1958 年以来被错划为"右派分子"获得了平反，国家农渔牧部、广东省、海南行政区等各级政府部门和领导关怀、鼓励他，恢复了他的教授职称和海南农学院的工作。他还加入了中国农工民主党，担任中国农工民主党海南区筹备委员会主任委员，之后又担任中国人民政治协商会议海南区筹备小组副组长和科教组组长。在古稀之年，他又焕发了青春，积极发挥余热，《人民日报》《海南日报》《琼州乡音》等多家官方媒体曾采访报道他的事迹。

林缵春大事年表

清宣统元年（1909）

闰二月二十二日，出生在琼州府乐会县秉信乡石头村（今琼海市九曲江乡石头村）一户农民家庭。

民国五年（1916），八岁

在乐会县秉信乡石头村初小念书，在家乡一直念到十二岁，即民国九年（1920）。

民国九年（1920），十二岁

由在马来西亚柔佛市经商的父亲带去，在麻坡中化中学初高级小学读书，小学毕业。在那里念到民国十三年（1924）。

民国十三年（1924），十六岁

回国，考入广东省立第六师范初中（校址在今海南岛府城）读书，半年后回家休养。

民国十五年（1926），十八岁

赴广州，考入广州国立中山大学附中初中。

民国十六年（1927），十九岁

考入国立中山大学预科，读二年。

民国十八年（1929），二十一岁

考入国立中山大学农学院，就读一年后，因家庭经济困难休学。

民国十九年（1930），二十二岁

七月，任广东省海康县立中学教员，半年后本打算复学，因母病去世返回家乡。

民国二十年（1931），二十三岁

二月，任广东省乐会县立中学校长。九月至次年六月，任广西省贺县县立中学教员。

民国二十一年（1932），二十四岁

七月，回母校复学，在中山大学农学院读书至毕业。在此期间，于1934年8月2日至9月8日，在海南实地调查文昌、琼东、乐会和儋县等4县52村。

民国二十四年（1935），二十七岁

七月，任国立中山大学农学院助教，一年后兼讲课。

民国二十八年（1939），三十一岁

十一月，任广东建设厅合作股长。1940年抗战期间，在广东韶关广东建设厅工作时，参加国民党。

民国三十年（1941），三十三岁

三月，任广东建设厅合作事业管理处技正兼课长，在此期间，1944年2月至1944年9月兼广东省连县合作实验区主任、广东省琼山县合作示范区主任等职（隶属于合作事业管理处）；1944年1月至1944年4月，国立中山大学农学院分教处兼任副教授。

民国三十五年（1946），三十八岁

九月，由广州回海南岛筹办海南大学，因筹办大学期间没有工薪，仍兼广东建设厅合作事业管理处课长。在海南大学成立之前，先筹办私立海南农业专科学校，1946年9月底成立，受聘任该校校长。

民国三十七年（1948），四十岁

该年私立海南大学成立，兼任私立海南大学农学院教授。1949年海南农业专科学校并入海南大学农学院，设农业专修班，受聘任海南大学农学院教授兼专修班主任。在此期间，1948 年 5 月至 1949 年 1 月，农林部海南岛农林实验厂技正兼组长。1949 年 5 月至 1949 年 11 月，海口农民银行兼专员。1948 年在海口被国民党海南特区党部指派为海口市第 13 区分部执委兼书记，因党证丢失不就，同年被海南专员公署聘为清剿设计委员会委员，同年被国民党海南党部聘为文化运动委员会委员。

1950 年，四十二岁

3 月，向海南大学请假出国，到马来西亚麻坡清理其父亲遗留生意和探望亲友同学等。1950 年 5 月海南岛解放，6 月由马来西亚搭第一次通航轮船回国，8 月间即被新成立的海口市公安局拘留，时间半年，1951 年 1 月查明清楚后释放。

1951 年，四十三岁

2 月，任海南行署农林处技正，在海口。

1952 年，四十四岁

5 月，任海南黎族苗族自治州农林科副科长，在乐东。

1954 年，四十六岁

5 月，任海南行署农业处热带作物处工程师（海口），1955 年下半年肃反补课又被逮捕拘留一年多，后查明清楚后被释放，回原单位工作。

1958 年，五十岁

6 月，"反右"运动开始后，被划为"右派"，主要是因不满国家"统购统销"政策，以"反革命罪"被捕判刑 8 年，期满后就业。

1974 年，六十六岁

刑满释放后，返回原籍琼海市九曲江乡石头村。

1978 年，七十岁

9 月 11 日，经琼海公安局通知，摘掉"反革命分子"帽子，解除监督。

1979 年，七十一岁

7 月 18 日，经广东省海南行政区海南中级法院刑事判决书（《79》刑监字第 53 号），撤销原判，予以平反。

1980 年，七十二岁

6 月 27 日，海南区党委以琼复字〔1980〕13 号批复，安置工作，恢复其被划为"右派分子"前的工程师职称及其工资待遇。

1981 年，七十三岁

12 月 10 日，被广东省人民政府文教办和广东省人民政府确定为教授。

1982 年，七十四岁

加入中国农工民主党。

1985 年，七十七岁

担任中国农工民主党海南区筹备委员会主任委员，并担任中国人民政治协商会议海南区筹备小组副组长和科教组组长。

1986 年，七十八岁

3 月 1 日凌晨，因病医治无效逝世，终年 78 岁。

参考文献

1. 林子兰, 程秉慥纂修. 康熙乐会县志. 海口: 海南出版社, 2006

2. 林大华等. 宣统乐会县志. 海口: 海南出版社, 2006

3. 陈铭枢总纂. 海南岛志. 海口: 海南出版社, 2003

4. 海南省地方志编纂委员会. 海南省志•农业志. 海口: 南海出版公司, 1997

5. （日）小叶田淳著, 张迅齐译. 海南岛史. 台北: 学海出版社, 1979

6. 琼海市地方志编纂委员会. 琼海县志. 广州: 广东科技出版社, 1995

7. 政协琼海县委员会文史资料研究委员会. 琼海文史. 1988

8. 朱逸辉. 海南名人传略. 广州: 中山大学出版社, 1992

9. 徐国定. 海大学者. 内部资料. 海南大学图书馆馆藏. 1992

10. 林日举. 海南史. 长春: 吉林人民出版社, 2002

11. 王俞春编著. 海南进士传略. 广州: 花城出版社, 1998

12. 林承鸿主编. 父亲与海南农业——林缵春教授的生平和著作. 内部资料. 海南大学图书馆馆藏

13. 苏云峰. 私立海南大学1948—1950. 台北: "中央"研究院近代史研究所, 1990

14. 海南溪西林族谱编纂委员会. 溪西林族谱. 内部资料. 海南大学

图书馆馆藏,2014

15.林缵春.琼崖农村、海南岛之产业.海口:海南出版社,2016

16.邓玲.海南家谱中的福建渊源.闽商文化研究.2016（2）：6—17

17.胡素萍.民国海南岛开发热潮与宋子文返乡之行.新东方,2015（6）：36—41

18.悠篮.民国时期开发海南计划流产始末.广东党史,2010（5）：41—43

19.林筱海.解放前海南大学创办始末.海口市文史资料

20.卢家荪.海南现代教育家梁大鹏先生事略及评议.海南师院学报,1999（1）：71—81

21.张兴吉.初探近代海南华侨出国潮——产生宋耀如的时代研究.新东方,2009（4）:10—13

22.梁荫东,潘衍庆,周德藻.中国热带作物科学技术的发展历史与成就.热带农业科学,1999（12）：95—110

后 记

　　海南岛虽然孤悬海外，不过很早就纳入中原统治的版图，历史上人才辈出。唐宋时期，大量贬官流放到海南，客观上对海南教育发展起到积极作用。宋代时，中央政府普及地方儒学教育，各种官办、私办学校逐步普及，普通人家子弟也能入学接受教育，社会经济得到了快速发展。康熙《琼山县志·地理志》："琼地孤悬海外，号称奇甸。唐宋以来，人文蔚起，豪杰之士，项背相望。户习礼义之教，俗全邹鲁之风。北学中国，而海内士大夫不敢以遐荒鄙之，以有琼山为首邑也。昔人称为海边邹鲁，夸其物货，目为小苏杭焉。"南宋曾谪居海南的李光在所著《庄简集》中也曰："（海南）近年风俗稍变，盖中原士人谪居相踵故也，故家知教子，士风浸盛，应举终场者凡三百人，比往年几十倍，三郡并试时得人最多。"从宋代开始在科举中人才辈出，不断涌现出举人或进士。明代重视教育，海南人才喷涌而出，（清）屈大均在《广东新语》卷九中曰："明兴，才贤大起，文庄忠介于奇甸有光，天之所以报忠义也。忠义之钟于人，于海外一洲一岛殆有甚焉。"（明）唐胄《正德琼台志》中记载："迨于我朝，圣圣相承，普海内外，咸建学宫，遴选硕师，以专教道，是以贤才辈出。有进到三卿位者矣，有视草玉堂兼信义者矣，亦有明习经史，肇登桂籍者矣。"尤其是清末和民国时期，海南许多人出于生计，到东南亚地区打工或经商，同时相较于大陆，他们也得风气之先，率先接受了西方工业化和现代文明的影响，他们自己辛苦打拼，含辛茹苦，也要让自己的子女接受新式教育，甚至到国外留学。他们的子女学成后进入政治、经济、军事、教育、文化等各个领域，涌现出一大批杰出人物，为中华民族的现代化作出突出的贡献。林缵春即是在此时代背景下涌现出的一位爱国爱乡的归国华侨农学家。

2017 年春天，受海南大学人文传播学院闫广林院长邀请，我有幸承担为归侨农学家林缵春写传的任务。闫广林院长详细介绍了林缵春在海南土地制度、海南岛产业等方面研究领域的贡献和地位，为本书写作提供了很多指导性意见。林承鸿先生是林缵春的第四子，此前就率领亲属对父亲的学术研究成果进行整理，编印了《父亲与海南农业——林缵春教授的生平和著作》，同时提供了林缵春生前向组织的汇报履历、信件、政策文件和讲话稿等资料。林奋（海口奋越印务有限公司董事长）热情提供了海南林氏溪西林族谱等资料，为完成本书稿提供了便利条件。林承鸿先生还对稿本进行了认真的校对，石头村梁文书也详细介绍了当前石头村的情况，在此一并致以衷心的感谢。

赵全鹏

2018 年 4 月 15 日于海南大学